grauseditore

coralli

003

Bartolomeo Sciannimanica

L'Italia che frana

grauseditore

sede di napoli:
9, piazza san domenico maggiore
palazzo sansevero
80134 napoli
tel/fax +39.081.7901211

sede di roma:
1055, via tuscolana
palazzina 59
cinecittà studios
00173 roma
tel. +39.06.72.29.37.55

www.grauseditore.it
info@grauseditore.it

coralli
collana diretta da oberto mandia

progetto grafico
mario esposito

Non hai veramente capito qualcosa
fino a quando non sei in grado di
spiegarlo a tua nonna

Albert Einstein

Indice

L'Italia che frana

Introduzione

Ho trascorso ormai molti anni nella Pubblica Amministrazione. In totale circa venticinque anni. Di cui tredici come dirigente. L'argomento "tempo cronologico" lo svilupperemo in seguito, perché è un tema che voglio approfondire; merita di essere trattato per la non trascurabile importanza che esso ha per la vita delle persone, per l'economia, per la tutela dell'ambiente. Per tutti è importante, tranne che per la politica e la burocrazia. È dal 1997 che dirigo Uffici pubblici occupandomi di tutela e pianificazione del territorio. Quando nel 1997 arrivai al Comune di Napoli, nel pieno del "Risorgimento napoletano", ero molto orgoglioso di poter partecipare ad una azione di normalizzazione e quindi di valorizzazione di questa città, che è stata alla base della mia formazione e che quasi come tutti amo e odio.

Sì, perché sono napoletano di adozione, nato in Puglia ad Acquaviva delle Fonti e cresciuto a Scalea nella parte alta della Calabria, dove le colonie di turisti napoletani e campani hanno portato con loro anche i perché dei miei sentimenti forti e contrastanti per la città di Napoli: adesso amo e odio anche Scalea! Una provenienza articolata, ma certamente uomo del Sud. Faccio su Bossi lo stesso effetto che la croce dell'esorcista fa sul diavolo.

Erano i primi giorni di gennaio del 1997 quando entrai nella mia stanza del "Sevizio progetti" del Comune di Napoli. Piazza Cavour 42, ultimo piano. Entrai nella mia stanza accompagnato da alcuni miei futuri collaboratori e notai che la scrivania era al centro della stanza. Incuriosito chiesi spiegazione di quella insolita posizione. Mi fecero subito osservare che visto che ai quattro angoli della stanza, nel tempo, si erano verificate delle infiltrazioni di acqua piovana non avevano potuto fare altro che, una volta esauriti gli angoli, posizionarla al centro della stanza.

Alla mia richiesta se era mai stato avvertito il Servizio Manutenzione del Comune, mi risposero che era inutile perché non sarebbero mai venuti. Non fu così! Il Servizio Manutenzione, chiamato da me, venne e dopo qualche giorno avevo una stanza dignitosa dove svolgere la mia attività, che è durata più di otto anni.

Racconto questo episodio, non per schernire né l'istituzione Comune di Napoli né tanto meno i miei colleghi di lavoro - che nel corso degli anni si sono rivelati funzionari pubblici attenti e capaci - ma per mettere in luce uno dei problemi della Pubblica Amministrazione: il patto scellerato fra l'Amministrazione ed il dipendente, attraverso il quale i due rivali finiscono per ignorasi a vicenda. Si ignorano perché non si stimano. L'Amministrazione non costruisce le condizioni perché il pubblico dipendente possa sentire l'orgoglio della appartenenza ed il dipendente ricambia individuando il suo datore di lavoro esclusivamente come il soggetto che mensilmente gli versa lo stipendio.

Mi soffermo sugli aspetti fra la Pubblica Amministrazione ed i suoi dipendenti perché credo che attraverso ciò passi una parte importante dell'applicazione delle leggi. Non vi è norma che potrà essere efficacemente applicata se non si ricuce il rapporto solidale fra i due rivali. Il Ministro Brunetta è sulla strada sbagliata, sta consegnando nelle mani degli Uffici del personale il destino delle Pubbliche Amministrazioni. Nelle mani di quegli uffici che per loro natura sono di supporto all'Ente, ma non sono quelli preposti a perseguire gli obiettivi strategici dell'Ente.

La Pubblica Amministrazione non esiste per gestire il suo personale, ma esiste per perseguire le proprie finalità pubbliche, lasciando agli Uffici del personale la materia della organizzazione.

Anche questa riflessione non è una digressione di chi ha perso il filo del discorso, ma vuole evidenziare un obiettivo politico del ministro, conscio o inconscio, che è quello di collegare ancora di più la politica con quella parte del sindacato, che negli Uffici del personale ha il miglior terreno di coltura.

Il Ministro Tremonti ha peggiorato la situazione "rubando" dalle tasche dei lavoratori dipendenti le risorse necessarie alla sua improbabile manovra finanziaria senza sviluppo, legittimando ancora di più la disaffezione per il lavoro pubblico.

Al Comune di Napoli sono rimasto per quasi nove anni, il Servizio a me affidato si occupava soprattutto di progetti e di realizzazione di aree verdi, di recupero di pezzi di città, di lotta all'inquinamento e tutela dell'ambiente, di bonifiche.

Proprio quest'ultimo incarico, a distanza di alcuni anni, mi inseguiva ancora. Erano finite le vacanze estive del 2009, quando il portiere dello stabile dove abito mi consegnò una convocazione urgente, così era scritto, da parte dei Carabinieri. Mi consegnò la convocazione con la faccia di finta partecipazione che fanno tutti i portieri quando sanno che stanno per comunicarti una grana. La mattina successiva, vista l'urgenza mi presentai dai Carabinieri, dove mi sono visto notificare un verbale di riposizione dei sigilli ai cancelli per l'accesso all'area della discarica di Pianura, nel Comune di Napoli, datato 17 agosto 2009. La discarica di Pianura è l'area oggetto dei tumulti e delle proteste che si sono svolte, bloccando strade e dando alle fiamme autobus, nel periodo dell'emergenza rifiuti tra la fine del 2008 e l'inizio del 2009. Non ricordavo più che nel 2002, ero stato nominato custode giudiziario, insieme all'allora Presidente della Regione Campania, Antonio Bassolino, ed al Sindaco di Napoli, Rosa Russo Iervolino. All'epoca dirigevo il Servizio Ambiente del Comune di Napoli. Quando mi pervenne la nomina mi preoccupai di informare il magistrato che aveva emesso il provvedimento, riferendogli che non avevo alcun mezzo adeguato per custodire quell'area. Non avevo uomini per la vigilanza e quindi consigliavo che si rivolgessero, perché la custodia potesse essere più efficace, al Comandante dei Vigili Urbani oppure ad uno dei Comandi delle varie Forze dell'ordine presenti sul territorio, visto che si temeva che in quell'area potessero avvenire sversamenti illegali. Alla mia comunicazione non vi fu risposta, quindi ero convinto che, il magistrato avesse seguito il mio consiglio e che quella discarica fosse vigilata da chi più di me disponesse di uomini e mezzi per farlo.

Non era così! Ero (o sono) ancora io l'inconsapevole custode?!

Dal 5 agosto 2005 al mese di giugno 2010 ho diretto il Settore Urbanistica della Regione Campania, che tra le sue competenze ha il contrasto all'abusivismo edilizio.

L'Italia che frana analizza, in modo semplice e comprensibile, gli aspetti sottesi al Governo del territorio ed al fenomeno dell'abusivismo edilizio. Un fenomeno sconosciuto o marginale negli altri Stati occidentali, che si caratterizzano per la certezza del diritto quale condizione irrinunciabile.

Il fenomeno dell'abusivismo edilizio è come la punta di un iceberg in un mare di illegalità. È fatto, a volte, di bisogno, ma sempre di mancanza di rispetto delle regole. È doverosa, quindi, un'analisi del fenomeno che non è solo scempio del territorio, ma attentato alla sicurezza dei cittadini, turbativa delle regole economiche, condizionamento del consenso elettorale e quindi, alterazione della democrazia.

Per comprendere al meglio il fenomeno è indispensabile, però, meditare sulla insufficienza normativa, sulla incapacità del sistema politico e sul mancato sviluppo sostenibile, uno degli elementi cardine per garantire una concreta democrazia. Chiunque compia un abuso edilizio, non consegue soltanto il proprio interesse attraverso la realizzazione di un'opera illegittima, bensì divora un pezzo del bene comune, invade beni fondamentali come il paesaggio ed in generale l'uso del territorio; soddisfa illegittimamente il legittimo diritto alla casa, lasciando coloro che rispettano la legge privi, non solo della casa, ma anche della spinta popolare propulsiva per la risoluzione del problema; avvantaggia gli imprenditori disonesti facendoli diventare più forti di quelli che rispettano le leggi, fino a sostituirsi a questi ultimi, creando un tessuto imprenditoriale fatto di soggetti propensi alla illegittimità.

L'abusivismo edilizio è la metafora della frana di tutto il sistema territoriale, ambientale, sociale, economico e politico.

1
L'abusivismo edilizio

1.1 Il fenomeno

Giustificare l'abusivismo edilizio con la carenza di alloggi è come discolpare chi per mancanza di soldi effettua una rapina. Una rapina, perché proprio di questo si tratta! Quando con un atto arbitrario, fuori dalle regole della convivenza, si sottraggono beni che non sono nella nostra disponibilità, si compie una rapina, un furto o se preferite un ladrocinio, una sottrazione, uno scippo, un borseggio, un taccheggio, una estorsione, un abigeato, un colpo.

Sulle regole e sulla loro bontà avremo modo di disquisire, ma se le norme sono queste, quest'ultime vanno rispettate. Altrimenti si crea l'humus per consentire ai più furbi di derogare, mortificando coloro che, invece, sono ossequiosi delle regole: che, è bene non dimenticare, definiscono quadro e cornice del vivere civile.

Colpire chi opera in dispregio delle norme non riguarda esclusivamente l'abuso specifico, che egli ha compiuto o sta per compiere, ma attiene al corretto funzionamento di qualsiasi collettività che non voglia creare maggiori opportunità per coloro che non rispettano le leggi rispetto ai cittadini onesti. Perché l'abusivismo edilizio falsa i rapporti economici fra cittadini, offrendo maggiori opportunità a coloro che si sono arricchiti non rispettando la legge. Il mancato rispetto delle norme falsa la democrazia, perché consente al politico più permissivo di raccogliere maggiori consensi, anche attraverso azioni ricattatorie nei confronti degli stessi autori degli abusi, che avendo compiuto un'azione illegale diventano bisognosi di "protezione". L'abusivismo edilizio ed in generale il mancato rispetto delle leggi creano una società che non avrà più né cittadini, né professionisti, né imprenditori, né politici capaci di confrontarsi in condizioni di rispetto delle leggi; perché quelli che avrà selezionato, abituati a non rispettare le regole, non avranno alcuna opportunità in contesti più sani, dove l'uomo, non soggiogato dallo stesso bisogno determinato dalla pratica di ogni abuso, è più libero.

Le regole possiamo contestarle, abbatterle e cambiarle; ma finché valgono bisogna *rispettarle*!

Iniziamo il nostro percorso nel mondo dell'abusivismo edilizio con una prima riflessione che affronta il tema della disponibilità dei beni collettivi.

Il territorio, con i fattori e le componenti ambientali, economiche e sociali che lo costituiscono, è formato da beni che, pur ricadendo nella disponibilità dei privati, ne condizionano la sua fruizione pubblica. L'esempio più classico è il *paesaggio* con le sue modificazioni. La costruzione di un fabbricato è certamente il soddisfacimento di un diritto ad edificare da parte del privato, ma incide sulla fruizione pubblica dell'aspetto del territorio da parte della collettività; così come incide sull'uso pubblico delle strade e dei parcheggi, sulla gestione delle risorse idriche e sulla raccolta dei rifiuti e di molto altro. Incidendo, quindi, qualsiasi trasformazione del territorio, su fattori e componenti di fruibilità pubblica, non può che essere realizzata seguendo le regole che la stessa collettività ha stabilito.

Questo è solo uno dei tanti aspetti che rendono una costruzione abusiva una rapina ai danni della collettività. La questione non riguarda, è evidente, solo il paesaggio o le infrastrutture o la stabilità del suolo o in generale, l'intangibilità del territorio. Il tema dell'abusivismo investe anche l'assetto economico e sociale di intere comunità.

Nel tentare di contrastare questo fenomeno, ormai così diffuso specialmente nel Mezzogiorno, ma dal quale il resto dell'Italia non è indenne, si incontrano numerosi ostacoli e tra questi un deprecabile atteggiamento, che è figlio di una visione privatistica e non correlata del mondo e quindi del territorio; che troppo spesso si insinua nelle stesse Istituzioni confondendo il reato con il soddisfacimento del bisogno ad esso collegato.

L'abusivismo edilizio è drammatico nelle Regioni a tradizionale presenza mafiosa (Calabria, Campania, Puglia e Sicilia) ma neanche il resto dell'Italia ne è indenne. Le dimensioni del fenomeno evidenziano circa 1.000.000 di abusi complessivamente; 30.000 abusi ogni anno in Italia, di cui oltre il 50% nelle Regioni del Sud.

Vista la enorme dimensione del fenomeno non mi sono mai affezionato alla precisione dei numeri, ma alle azioni di contrasto.Affezionarsi alla precisione del numero sarebbe come chi, in preda ad una febbre molto alta, continuasse a registrare anche le più piccole variazioni di temperatura invece di assumere il giusto medicamento per combatterne le cause.

Le motivazioni, per le diverse parti d'Italia, sono varie ed articolate. Nel Mezzogiorno, forse la ragione di ciò è la diffusione della piccola proprietà contadina, che non ha agevolato la presa d'atto di una condizione collettiva, rispetto alle risorse, al lavoro ed alla vita. Una condizione che nel tempo più che vedere tutti contro il "padrone", nella barbarie delle esigenze degradate in insopprimibili bisogni, ha visto tutti contro tutti, per difendere quel poco, che, d'altra parte, rappresentava l'unica risorsa per vivere. Una simile condizione economica e sociale ha contribuito a sviluppare il radicato convincimento che "*nella mia terra posso fare ciò che voglio*".

È difficile forzare queste chiusure culturali ed aprirle alle regole di un sistema urbanizzato, dove gli effetti di ciò che si realizza sulla "propria terra" incidono sulla "terra" e sulla vita di altre persone; quindi perché il vivere sia civile per tutti bisogna adottare regole di buona convivenza. Tale distorsione del concetto di privato è un convincimento culturale che spesso non si modifica al mutare dalla posizione economica e sociale dei singoli cittadini. L'abusivismo edilizio percorre trasversalmente la società: contadini, impiegati, professionisti, intellettuali; non c'è differenza. Come per il tifo calcistico, un sacro fuoco, attraversa le diverse condizioni sociali, pronto a giustificare comportamenti immorali ed alcune volte delinquenziali di quei campioni che dovrebbero ricompensare la collettività con comportamenti altamente etici, visto che in fondo la collettività li ha ricompensati adeguatamente per una abilità certamente inferiore ad alcuni artisti circensi.

Anche quando, per le condizioni paesaggistiche ed infrastrutturali, gli effetti derivanti da una costruzione abusiva potrebbero ritenersi poco rilevanti, sussistono almeno altri due aspetti, quello economico e quello sociale, che rendono una rapina qualsiasi costruzione non autorizzata.

Ai giustificazionisti dell'abusivismo bisogna, contrapporre il diritto di coloro che per rispettare le regole che la collettività si è data, pur avendo bisogno di una casa, non hanno realizzato alcuna costruzione abusiva. Ed ancora, bisogna contrapporre, come ho fatto cenno in precedenza, le ragioni di quegli imprenditori che non hanno investito nell'abusivismo edilizio e per questo si ritrovano con un potenziale imprenditoriale ed una disponibilità economica inferiore a chi ha seguito il filone delle case abusive e del mancato rispetto della legge. Bisogna evidenziare che l'abusivismo edilizio, come ogni abuso, rende più forte la parte peggiore della società, quella parte che ha aumentato la sua ricchezza e le proprie potenzialità non rispettando le regole e quindi facendo sviluppare una collettività fatta di cittadini, di imprenditori, di magistrati, di funzionari pubblici, di politici che non rispettano le regole. Come in un racconto di Italo Calvino ne *Le città invisibili*, questa società resterà presto vittima di se stessa e franerà sotto i suoi paradossi.

Il comportamento derivante da una limitata posizione culturale, in generale, è l'ostacolo maggiore alla lotta all'abusivismo: "*Ma in fondo, che cosa ha fatto? Si è costruito una casa! Ne aveva anche bisogno!*"

È una posizione culturale che porta alla giustificazione dei piccoli e dei grandi abusi e che troppo spesso si riflette sul comportamento delle Istituzioni che, invece sono chiamate, non tanto a scusare, ma a comprendere e, quindi, governare.

1.2 Le azioni di contrasto

La mia lotta all'abusivismo edilizio è iniziata nel 2005. Analizzando lo stato delle attività connesse alle competenze dell'Ufficio regionale che dirigevo da qualche mese, mi accorsi che l'azione di vigilanza esercitata nei confronti dei Comuni, che sono per legge i titolari del contrasto all'abusivismo, era soprattutto di tipo archivistica. Si censivano le segnalazioni che arrivavano dai Comuni e soprattutto regnava inespugnabile il *numero di protocollo*.

Considerare, in ogni caso, la necessità di un intervento o l'esame di un'istanza attraverso la cronologia conseguente al numero di protocollo può, apparentemente, sembrare il massimo della trasparenza e della efficienza. In realtà, in tutte quelle questioni dove conta anche la gravità del reato diventa un metodo ingiusto ed inefficace perché molto spesso, prima di affrontare i casi più rilevanti, costringe ad occuparsi di altri mille casi di poco conto. Il rispetto non ragionato del "numero di protocollo" è spesso la garanzia della impunità per buona parte degli illeciti più devastanti. La miriade di piccoli casi, se non separati da quelli più significativi, lancia, tutto sommato, un messaggio di irrilevanza del fenomeno: "*Così fan tutte!*"; creando per i grandi abusi una giustificazione tematica oltre che una sostanziale impunità, determinata dalle complessità organizzative di un fenomeno che in Campania vede 20.000 segnalazioni all'anno. In queste 20.000 segnalazioni vi sono doppioni e "triploni" ed anche oltre, perché, nella civiltà della telematica, alla Regione giungono segnalazioni per uno stesso abuso dalla Polizia locale, da alcune Forze dell'ordine che hanno competenze territoriali, dall'Ufficio Tecnico comunale competente. Tutto ciò per alcuni degli abusi. Per altri non giunge nessuna comunicazione.

Quando i numeri sono enormi, come quelli che riguardano l'abusivismo edilizio, non solo in Campania, il rigido rispetto dell'ordine cronologico diventa esclusivamente il modo per occuparsi, per tempi indefiniti, di centinaia di piccoli illeciti, prima di giungere a colpire le costruzioni più consistenti, che magari, in quel momento, stanno devastando il territorio e l'ambiente e che mettono a rischio la incolumità dei loro occupanti.

Il 1.000.000 di abusi edilizi in Italia comprende sia i piccoli abusi che quelli rilevanti. Non che i piccoli abusi non si debbano combattere, ma se le risorse non sono illimitate è meglio incominciare dai grandi.

Con metodo assiomatico incominciammo a stabilire dei criteri con i quali selezionare le prime opere da abbattere:

- quelle di grande consistenza, che non sarebbe stato possibile condonare perché erano state realizzate dopo il termine previsto dall'ultimo condono;
- quelle che da una analisi immediata si poteva decidere che non sarebbe stato possibile condonare, per la presenza di vincoli di inedificabilità assoluta sul territorio dove l'abuso era stato realizzato;
- gli abusi per i quali era già stata emessa una sentenza, passata in giudicato, della magistratura penale; ecc.

Mi accorsi che vi era un'altra barriera che si frapponeva tra l'abuso ed il ripristino della legalità ed era il *sistema di appalto* delle opere di demolizione. Si appaltava la demolizione di ogni singolo abuso, anche il più piccolo, con un bando specifico. Molti Comuni continuano ancora a fare appalti singoli, per importi di qualche decina di migliaia di euro. A questi appalti, essendo di piccolo importo, rispondevano e rispondono, piccole imprese locali che, pur volendo escludere il dolo, erano e sono direttamente o indirettamente condizionabili. I tempi, quindi, si allungavano e l'azione diventa poco efficace.

Ogni volta che il tentativo di abbattere un manufatto abusivo non va a buon fine scatta, come reazione, l'esaltazione, l'apoteosi, la gloria dell'attività edificatoria senza regole. I tentativi falliti producono molti effetti negativi, che vanno dall'incremento dell'attività edificatoria non autorizzata, alla sfiducia da parte degli uomini della Pubblica Amministrazione, alla giustificazione dei comportamenti omissivi da parte di chi dovrebbe perseguire gli illeciti.

Il tema, quindi, era di rilevante importanza. Iniziare e

poi fallire sarebbe stata la *debacle* totale. È il caso di chiarire che, insieme ai miei colleghi che con me hanno lavorato alla attività di contrasto dell'abusivismo edilizio, non abbiamo mai pensato di aver vinto la guerra. Ma una battaglia, sì!

Quando nei giorni in cui scrivo viene pubblicata una intervista al Procuratore della Repubblica di Bolzano, Guido Rispoli, da parte dell'Agenzia di stampa "Il Velino", che esalta il metodo Napoli, come efficace metodo di contrasto all'abusivismo edilizio, credo che ciò sia uno degli effetti della battaglia vinta. Quando lo stesso Procuratore ricorda che le procedure adottate a Napoli sono state recepite non solo dal ligio Trentino Alto Adige, ma finanche dal Consiglio Superiore della Magistratura, sento che il lavoro che ho iniziato nel 2005 e portato avanti con la collaborazione di alcuni funzionari dell'Amministrazione regionale sia servito a risalire di qualche metro quel degrado in cui vuole tenerci una politica attenta solo a determinare bisogni, per aumentare il numero dei *clientes*. Rivendico con orgoglio di aver dato inizio a questo processo.

All'iniziativa regionale si unirono alcune Procure ed alcune Prefetture dando inizio ad un processo che ritengo (e spero) non si possa fermare, in quanto ha generato anche autonome azioni da parte di quelle istituzione che hanno, a vario titolo, competenza sul contrasto all'abusivismo edilizio. Abbiamo dimostrato che demolire si può!

Il risultato di quella azione di contrasto è stato esemplare in quanto, oggi, in Campania, chi costruisce un'opera abusiva non ha più la certezza che la Pubblica Amministrazione non provveda a demolirla. Abbiamo certamente contribuito ad incrementare le probabilità che lo Stato intervenga per ripristinare la legalità. Questo perché l'azione propulsiva della Regione ha favorito, rimuovendo alcune barriere tecniche e finanziarie, l'azione della Magistratura penale, che nella sua autonomia potrà proseguire nell'azione di repressione dell'abusivismo edilizio.

Prendendo a prestito alcune delle mie esperienze passate introdussi un efficace sistema di appalto, attraverso il quale si evitavano gli appalti singoli, sostituendoli con l'appalto di interi lotti di opere abusive. In qualche modo, l'uovo di Colombo.

Come avviene per gli appalti di manutenzione di qualsiasi opera, nel redigere un preventivo per un programma di manutenzione non è facile prevedere se bisognerà in futuro far fronte alla sostituzione di dieci interruttori elettrici o riparare cinque vetri rotti. Pertanto si stima una cifra complessiva, facendo delle ipotesi di larga massima, ma poi si quotano perfettamente i singoli possibili interventi. Alla fine si potrà contabilizzare perfettamente il costo di quanto eseguito attraverso la somma dei prezzi di ogni singola operazione.

Si tratta di non predisporre per ogni demolizione una singola procedura di abbattimento, ma stimare, per interi lotti di opere abusive, l'importo necessario alla loro demolizione, anche in relazione alla disponibilità finanziaria dell'ente; procedendo, quindi, a pochi appalti ma di importo rilevante, in luogo di una miriade di piccoli affidamenti, più dispendiosi anche sotto il profilo dell'organizzazione e dell'impiego delle risorse umane.

E così è stato. La Regione Campania in poco tempo ha avuto uno strumento in più per contrastare l'abusivismo edilizio. Una impresa sempre pronta ad intervenire con un preavviso limitato di pochissimi giorni.

La Regione Campania dal 2005 al 2009 ha investito circa 3.500.000 euro nel contrasto all'abusivismo edilizio e sono stati demoliti circa 120.000 m^2, per un totale di 400 unità immobiliari, oltre ad un porto turistico con circa 100 posti barca.

Così come previsto dalle norme nazionali e regionali l'ente titolato al contrasto dell'abusivismo edilizio è il Comune. In caso di inadempienza del Comune la Regione interviene con procedure sostitutive. Gli Uffici Tecnici comunali quando, dai Vigili Urbani o da altre Forze dell'ordine o da parte di semplici cittadini, ricevono segnalazioni di un abuso edilizio, se ne accertano l'esistenza effettiva, debbono emanare una ordinanza di demolizione, con la quale intimare all'autore dell'abuso il ripristino dello stato dei luoghi. Se l'autore dell'abuso non ottempera, nel termine di 90 giorni, l'ufficio tecnico comunale deve provvedere alla demolizione ponendo a carico dell'autore dell'abuso il costo della demolizione e ripristino dello stato dei luoghi.

La Regione deve essere mensilmente informata, dal Segretario comunale, circa le emissioni delle ordinanze di demolizione e ripristino dello stato dei luoghi. Il ruolo delle Regioni è monitorare l'andamento degli abbattimenti e, quindi, accertare che per ogni ordinanza emessa vi sia, da parte dell'autore dell'abuso o dell'ufficio tecnico del Comune interessato, la demolizione delle opere illegittimamente realizzate.

Nel caso in cui l'Ufficio Tecnico comunale non intervenga, la Regione, previa diffida, nomina un Commissario *ad acta* e si sostituisce al Comune inadempiente.

Dall'anno 2003 è disponibile presso la Cassa Depositi e Prestiti, l'Istituto di Credito di proprietà del Ministero del Tesoro, al quale si rivolgono le Amministrazioni Locali e quindi i Comuni, un fondo rotativo di circa 50.000.000 di euro per l'anticipazione ai Comuni, senza interessi, delle somme necessarie per procedere agli abbattimenti delle opere abusive. Tali somme dovranno essere restituite dal Comune alla Cassa previo recupero a carico degli autori dell'abuso. Nel caso in cui il recupero e la restituzione non dovesse avvenire, nei cinque anni successivi all'erogazione, lo Stato tratterrà le stesse somme dai trasferimenti finanziari che annualmente effettua a favore del Comune.

Con 50.000.000 di euro si possono demolire dai 1.500 ai 2.000 abusi edilizi di discreta consistenza, che, anche se sono solo una piccola parte del totale degli abusi esistenti in Italia, determinerebbero sia uno straordinario effetto ammonitore che moltiplicatore. Infatti a seguito delle demolizioni effettuate dalla Regione Campania, è stato verificato che, nelle aree oggetto degli interventi repressivi, si sono attivate demolizioni autonome da parte degli autori degli abusi, che, prendendo atto dell'azione della Pubblica Amministrazione, nonché dei maggiori costi da rimborsare rispetto ad una auto-demolizione, hanno proceduto alla demolizione, in proprio, dei loro manufatti abusivi.

In Campania è stata raggiunta una felice sinergia tra Regione, Prefetture (Napoli e Caserta) e la Procura Generale presso la Corte di Appello di Napoli e le relative Procure della Repubblica presso i Tribunali di Napoli, Torre Annunziata, Nola e S. Maria Capua Vetere.

L'abbattimento di un intero quartiere nel Comune di Casalnuovo, in provincia di Napoli, fu la prima occasione di collaborazione, fra la Prefettura di Napoli, la Magistratura inquirente della Procura della Repubblica presso il Tribunale di Nola, il Genio Militare, le Forze dell'ordine e la Regione Campania.

Prima di inoltrarmi nella descrizione del fenomeno Casalnuovo di Napoli debbo dare conto della felice condizione di leale collaborazione che si era creata fra me ed i miei collaboratori del Servizio Vigilanza e Repressione dell'Abusivismo Edilizio. Debbo inoltre dare conto della alta professionalità di alcuni di loro, anche per contrastare il pericoloso luogo comune, che vorrebbe tutti i dipendenti della Pubblica Amministrazione, in quanto salariati, esclusivamente fannulloni e scaldasedie.

Rischiando di fare torto a tutti gli altri, ma sono certo che ne comprenderanno le ragioni, non posso non ringraziare espressamente l'architetto Franco Cassano ed il geometra Modestino Saviano, che alla attività di contrasto all'abusivismo edilizio hanno offerto la loro competenza, il loro equilibrio ed il loro coraggio.

1.2.1 Casalnuovo di Napoli: la demolizione di un intero quartiere

Gli abusi edilizi furono scoperti in un giorno di febbraio del 2007. Un maxisequestro effettuato dai Carabinieri, per ordine della Procura della Repubblica presso il tribunale di Nola, rivelò la più consistente attività abusiva mai svolta attraverso un unico intervento. Era in corso la realizzazione di 76 fabbricati abusivi. Ogni fabbricato era composto, in media, da 6 piani, per un totale di oltre 1.000 alloggi, capaci di ospitare circa 5.000 abitanti. Sono numeri impressionanti ma nulla rispetto ai circa 300 sequestri effettuati nel periodo successivo dalla Polizia locale. Viene subito da chiedersi, vista la moltitudine di abusi, perché la Polizia locale non aveva provveduto prima.

«*Perché non si vedevano! I fabbricati erano nascosti dall'erba alta!*». Così rispose il Sindaco quando uno dei grandi del giornalismo di inchiesta, Igor Staglianò, gli chiese in un'intervista fatta per *Ambiente Italia*. Il Sindaco si dimise dopo qualche settimana dalla scoperta degli abusi da parte della Procura della Repubblica. Devo dire che nel periodo che restò in carica e dopo l'affermazione dell'erba alta fu collaborativo ed assiduo frequentatore del tavolo tecnico insediato dal Prefetto Alessandro Pansa, presso la Prefettura di Napoli. *La via di Damasco* esiste per tutti! Perché non per il Sindaco?

Il Tavolo insediato presso la Prefettura di Napoli diede effetti unici per la burocrazia italiana. La demolizione degli abusi scoperti a febbraio iniziò a giugno dello stesso anno. Circa quattro mesi (nulla rispetto ai tempi ordinari di risposta da parte dello Stato) per districarsi in un mare di atti e di ricorsi. Ci aiutò molto il *sistema di rilevamento satellitare*, messo in funzione dal mio Ufficio alcuni mesi prima della scoperta degli abusi di Casalnuovo. Il sistema satellitare per il rilevamento degli abusi edilizi, che assunse il nome di MISTRAL, acronimo di: *Monitoraggio da Immagini Satellitari del Territorio per la Rilevazione di Abusi su Larga Scala*, vagheggiando il vento del deserto, era stato interamente concepito presso il Servizio Vigilanza e Repressione Abusivismo Edilizio-Condono Edilizio, appartenente al Settore da me diretto, ed elaborato dall'Agenzia Mediterranea per il Telerilevamento ed il Monitoraggio Ambientale (MARSEC), una Società *in house* della Amministrazione provinciale di Benevento. Un sistema unico in Italia, che confrontando due riprese successive, attraverso un algoritmo matematico, riconosce le modificazioni avvenute nel territorio, nel periodo trascorso tra le due osservazioni. In questo modo riuscimmo a supportare il Comune di Casalnuovo, affiancandone l'attività, fornendo loro elaborati tecnici, che presentati nelle udienze presso i Tribunali Amministrativi Regionali, hanno sempre garantito un giudizio di colpevolezza a carico degli autori degli abusi. Questo per scongiurare che il TAR si dovesse esprimere tenendo conto esclusivamente della documentazione prodotta dagli autori degli abusi, che, evidentemente, cercavano di sostenere che i fabbricati erano stati realizzati in epoca precedente al termine individuato dall'ultimo condono edilizio, al fine di accedere alla sanatoria edilizia.

La mossa si rivelò vincente. Molto spesso, nei contenziosi tra i Comuni e gli autori degli abusi, il Comune non esibisce gli atti in modo formalmente e sostanzialmente corretto, e quindi, il TAR o qualsiasi organo giudicante, letta la documentazione a disposizione, esclusivamente prodotta dall'autore dell'abuso, si pronuncia con una sentenza di assoluzione. Quella assoluzione è ovviamente inficiata dal disattento o colpevole comportamento del Comune.

Per il Comune di Casalnuovo, assistito dal mio Servizio Antiabusivismo e dall'Avvocatura regionale, non fu così, i ricorsi, proposti dagli autori degli abusi, furono respinti e le demolizioni iniziarono agli inizi di giugno 2007, dopo poco più di tre mesi dalla scoperta degli abusi: un vero record per l'Italia e per il Mezzogiorno.

La questione Casalnuovo si presentava amministrativamente complessa, perché con la complicità di personale dell'amministrazione comunale, gli interessati avevano alterato vecchie domande di condono in modo da far risultare che fabbricati non ancora esistenti fossero, al contrario, non solo esistenti, ma anche provvisti di domanda di condono.

Diversi sono stati gli aspetti per i quali, a Casalnuovo, lo Stato ha dimostrato di esserci. Il primo riguarda l'attività da più parti riconosciuta del mio Servizio Antiabusivismo. Se il Servizio Antiabusivismo non fosse stato pronto ed organizzato per una lotta vera all'abusivismo edilizio, contestando con i rilevamenti satellitari l'esistente dei fabbricati, poteva essere l'ennesima prova di inefficienza della Pubblica Amministrazione. Se non avessimo avuto gli appalti già espletati, attraverso la formula della manutenzione del territorio, non ce l'avremmo fatta.

In quel clima arroventato fatto di ricorsi, di responsabilità politiche, di malfunzionamento degli uffici tecnici comunali, di indagini della Magistratura penale, non saremmo riusciti a portare a termine, almeno in tempi brevi, neanche le gare per l'appalto delle demolizioni dei fabbricati abusivamente realizzati.

Ricordo bene quando Igor Staglianò, con le telecamere di *Ambiente Italia*, venne sul sito sequestrato dove le decine di fabbricati, che si fronteggiavano a pochi metri di distanza, rendevano l'ambiente minaccioso. Mentre si effettuavano le riprese scambiammo alcune opinioni ed egli, con la immediatezza che lo contraddistingue, mi chiese se ero proprio sicuro che la Regione sarebbe riuscita ad abbattere quella moltitudine di fabbricati che nessuno aveva visto mentre venivano realizzati e se questa volta lo Stato, anche nel Mezzogiorno, avrebbe fatto lo Stato.

Quando ritornò, dopo alcuni mesi, e si rese conto che anche in Campania lo Stato può affermarsi, attraverso uomini che abitano e lavorano in Campania, non risparmiò riconoscimenti a tutte le Istituzioni che avevano operato, con la composta soddisfazione di chi come lui si porta la passione della Calabria e la educazione civica del Piemonte.

Prima di continuare a scrivere dell'emblematico episodio di abusivismo edilizio di Casalnuovo, è il caso di chiarire un aspetto: in coloro che hanno lavorato a questa vicenda non vi è mai stato alcun trionfalismo in tutta l'azione repressiva. Anzi è servita a tutti noi per maturare ragionamenti intorno al fenomeno, che non si fermano alla mera constatazione del fatto.

Gli uomini del Genio Militare arrivarono all'alba nella frazione Casarea di Casalnuovo di Napoli alle 5:00. Decidemmo di far intervenire per primo il Genio militare per dimostrare che lo Stato, nella sua forma più riconoscibile, interveniva per sanare una illegittimità. Una buona scorta di Forze dell'ordine, coordinata dalla Prefettura di Napoli, era presente per dissuadere chiunque avesse voluto protestare a danno di coloro che erano stati comandati per procedere agli abbattimenti.

Mi sembra il caso di evidenziare che molte difficoltà procedurali, che si frapponevano alla affermazione delle regole dello Stato, furono superate per la diligenza nel rivestire il proprio ruolo istituzionale che alcuni attori nella vicenda hanno dimostrato. *In primis,* il Prefetto Alessandro Pansa, che preso atto delle difficoltà insorte nei giorni precedenti alla demolizione, per assicurare contro i rischi derivanti dagli abbattimenti gli uomini del Genio militare - come pretende una procedura che puzza di burocrazia - spiegò all'assicuratore, al telefono, senza formalismi, nel corso di una riunione operativa, il significato di quella azione e così riuscimmo ad adempiere anche a questo obbligo. Pensate che i militari, chiamati a fare la guerra, se devono demolire un manufatto abusivo debbono essere assicurati, con un'apposita polizza contro i rischi derivanti da tale attività. Va evidenziata, però, la grande professionalità con la quale gli Ufficiali, i Sottufficiali ed i Soldati del Genio Militare hanno svolto il loro lavoro, per sottolineare che spesso il comportamento dei singoli tampona le enormi falle che si creano nella organizzazione dello Stato; come la diligenza con la quale hanno svolto il loro ruolo i funzionari regionali, con i diversi compiti di direttori dei lavori e responsabili della sicurezza del cantiere, nonostante i timori che inizialmente tutti avevamo per possibili azioni finalizzate a contrastare gli abbattimenti. Corre l'obbligo di rilevare che senza diligenza, cura, da parte dei funzionari pubblici non vi è lo Stato di diritto, che viene sostituito da un succedaneo regno del possibile e dell'impossibile.

"*Se non la smettete di sollevare tanta polvere chiamerò i carabinieri!*". Così ci minacciava il proprietario di una abitazione vicina all'area delle demolizioni. Era grassoccio e rubizzo e ad ogni minaccia che proferiva si accalorava sempre di più. I Carabinieri li chiamammo noi che, oltre ad identificarlo ed a constatare che l'emissione di polvere era nei limiti di quanto consentito dalla legge, gli chiesero se, quando avevano costruito tutto quel ben di Dio, avesse mai protestato per la polvere.

La vicenda Casalnuovo è stata una palestra nazionale di contrasto all'abusivismo edilizio: dalle procedure amministrative alle tecniche di demolizione e recupero del materiale di risulta.

L'impresa incaricata dalla Regione iniziava la demolizione dei fabbricati più alti, demolendoli fino ad un'altezza di due piani, 6-7 metri. Il Genio Militare proseguiva demolendo i due piani residui, quindi riprendeva l'impresa privata che demoliva le opere in cemento armato, che costituivano il piano cantinato. Il perché di questa catena di montaggio, che fummo costretti a mettere in atto, sta nel fatto che le macchine a disposizione dell'esercito non avevano la capacità di demolire opere più alte di 6-7 metri, né tanto meno di demolire le strutture di fondazione ed i cantinati, né trasportare a discarica i materiali di risulta.

Ma come la facciamo la lotta all'abusivismo? La mancanza di attrezzature idonee, che quello Stato che alcuni stavano cercando di affermare non forniva, rende più significativo l'impegno e lo scrupolo con il quale il lavoro è stato compiuto dagli uomini del Genio militare comandati dal colonnello, oggi generale, Pietro D'Amico, Capo ufficio COCIM, del II Comando delle forze di difesa, competente per l'Italia meridionale e le isole. Proprio per la scarsità dei mezzi avrebbero potuto sottrarsi, assecondando, forse, il desiderio di quello Stato che si limita negli strumenti per giustificare le proprie inadempienze.

Parlo degli uomini del Genio militare con molto rispetto, con il rispetto che essi meritano, avendo ben intuito le difficoltà nelle quali essi si muovono e conosciuto l'imbarazzo con il quale debbono presentare preventivi, riguardanti le demolizioni da eseguire, con prezzi che sono ben più alti di quelli praticati dal mercato privato. Rivolgersi al Genio Militare, demolire un'opera abusiva da parte di una Istituzione pubblica, costa di più di quanto non costi rivolgersi ad un'impresa privata. Ma, viene da chiedersi: *lo Stato vuole effettivamente impegnarsi nella lotta a questo ed ad altri tipi di abusi?*

Il ricorso al Genio Militare dovrebbe essere immediato, più economico e più efficace, se effettivamente si volesse contrastare l'abusivismo edilizio.

Dalle demolizioni effettuate solo una parte del materiale risultante fu avviata a discariche specializzate, la maggior parte del materiale fu riutilizzato in cantiere, opportunamente miscelato a terreno vegetale, mentre il ferro delle strutture in cemento armato fu inviato in fonderia.

Proprio a proposito del calcestruzzo armato, che è il materiale con il quale erano state fatte le strutture portanti di quei fabbricati abusivi, bisogna evidenziare l'enorme pericolo al quale si sottopongono coloro che li abitano, avendone constatato, durante la fase di demolizione, l'incoerenza strutturale. Oltre agli aspetti urbanistici ed edilizi, legati alla illegittimità delle opere abusive, in una terra dove i terremoti non sono proprio estranei, non è possibile consentire che vengano abitate strutture inadeguate e sicuramente pericolose. Questo aspetto viene spesso trascurato da alcune amministrazioni locali quando pensano, con virtuosismi normativi, di acquisire al patrimonio comunale fabbricati abusivamente realizzati per locarli agli stessi autori degli abusi o ad altri cittadini. È bene sapere che, senza un adeguamento strutturale, spesso tecnologicamente complesso e costoso, quegli immobili non sono abitabili e costituiscono un pericolo per la privata e pubblica incolumità.

Nel corso della attività di demolizione al Comune di Casalnuovo si insediò la Commissione straordinaria nominata del Governo, che con atto proprio, aveva decretato lo scioglimento del Consiglio comunale. Sembrava a tutti che effettivamente si stesse compiendo un miracolo di legalità. In Campania, terra di camorra, lo Stato voleva affermare la legalità nella sua pienezza. Perché non si affermasse solo la legalità nel suo aspetto repressivo, la Regione, attraverso il mio ufficio provvide a mettere a disposizione 100.000 euro per la redazione del Piano Urbanistico Comunale. È bene evidenziare al lettore che la redazione dello strumento urbanistico generale è uno dei momenti più delicati, sotto il profilo della trasparenza e della imparzialità, per ogni amministrazione comunale. A Casalnuovo, dopo tutto quello che era successo, l'approvazione dello strumento urbanistico generale, oltre alla demolizione di quanto era stato scoperto in materia di abusivismo edilizio, doveva essere un risultato irrinunciabile, prima di far ritornare una amministrazione ordinaria. Non è stato così! A Casalnuovo, senza aver completato l'opera di demolizione iniziata dalla Regione e senza aver approvato lo strumento urbanistico generale, nella primavera del 2009 si andò alle elezioni comunali per eleggere una nuova amministrazione!

Anche l'Amministrazione provinciale di Napoli partecipò a questo patto istituzionale, attraverso l'Assessore all'agricoltura Francesco Emilio Borrelli, stanziando 250.000 euro, una somma non elevata, ma un primo segnale per la realizzazione di un parco agricolo lì dove prima si ergeva l'edilizia abusiva, frutto del malaffare, della mala politica, dei cattivi atti di libera professione. Certo, quei liberi professionisti, quei notai, geometri, che hanno redatto e firmato gli atti necessari a stipulare i contratti di compravendita, con i quali si sono commercializzati beni illegali, verranno mai perseguiti?

L'abusivismo edilizio, come ogni abuso tollerato, diviene cultura locale, generando quegli effetti di ingiustizia sociale ed economica e di condizionamento della democrazia dei quali ho parlato nel primo paragrafo. Infatti era la metà degli anni Ottanta quando Rosario Cantelmo, allora Sostituto procuratore della Procura della Repubblica presso il Tribunale di Napoli, mi chiamò per affidarmi una consulenza circa alcune presunte procedure anomale che erano state rilevate riguardanti il rilascio di alcune concessioni edilizie, proprio nel Comune di Casalnuovo. Ricordo che fu complicato scoprire il "trucco" che era stato adottato per far passare la realizzazione di edilizia residenziale per la costruzione di edifici destinati ad attività produttive. Chi aveva orchestrato il tutto, dai tecnici liberi professionisti, ai dipendenti comunali, agli amministratori, allora competenti al rilascio dei titoli abilitativi, aveva messo in campo una ipotesi apparentemente corretta. Si trattava di concessioni finalizzate alla realizzazione di impianti produttivi e specificamente di laboratori artigianali. Alla mia verifica risultò che quelli che avevano realizzato non erano laboratori artigianali, ma civili abitazioni, autorizzati attraverso una lettura capziosa delle norme. A seguito della mia consulenza la Procura sequestrò circa 100 miliardi di lire di fabbricati illegalmente realizzati, regolarmente commercializzati con la complicità di professionisti locali, di notai, di tecnici comunali.

Il condono del 1985 sanò ogni abuso, senza emanare norme e procedure capaci di contenere il fenomeno a quella data. Ho voluto raccontare questa lontana esperienza professionale per ribadire che vi sono alcune aree, della Campania o dell'Italia, dove si sono formate classi di professionisti, imprenditori, funzionari pubblici, politici che fondano la loro attività in maggior parte sulla illegalità. Ma in che Paese viviamo!

1.2.2 Il porto romano di Bacoli: non solo abitazioni abusive

Un altro esempio di collaborazione molto efficace fra le Istituzioni è stato il recupero di una parte dello specchio d'acqua del porto romano di Bacoli, nel quale era stato realizzato un attracco da diporto per oltre 100 posti barca. I pontili, attraverso i loro sostegni verticali, poggiavano direttamente sui resti sommersi di una villa di epoca romana ed erano ubicati a non più di duecento metri dalla base navale della Guardia di Finanza. Nessuno poteva non accorgersene. I mezzi navali della Guardia di Finanza quando entravano nel porto romano, per dirigersi alla loro base, erano costretti a rasentare i pontili abusivi.

Già sembra molto originale, per una Regione che vorrebbe vivere di turismo e cultura, che nel porto romano di Baia vi sia il cantiere navale della Guardia di Finanza, ma che poi questa non si accorga di una costruzione abusiva che viene costruita nelle immediate vicinanze sembra paradossale.

A non accorgersi che quella costruzione era abusiva non fu solo la Guardia di Finanza, ma anche colui che all'epoca era Procuratore della Repubblica presso il Tribunale di Napoli, Agostino Cordova, che partecipò ai festeggiamenti per l'inaugurazione del complesso turistico portuale, come risulta dalle foto che abbiamo ritrovato nei locali di servizio a terra, che fungevano da *club-house*. Sì, perché il complesso non era proprio piccolo comprendendo *club-house*, ristorante, residenze estive e perfino un distributore di benzina. Dico perfino un distributore di benzina perché, come molti sanno, è un impianto che necessita di molte autorizzazioni per essere realizzato e gestito. È possibile che nessuno degli enti che avevano rilasciato i vari pareri si sia accorto che era tutto abusivo?

Insieme ai miei collaboratori, in Prefettura a Napoli, per discutere della possibile demolizione di quelle opere abusivamente realizzate, incontrai il dottor Francesco Paolo Marinaro, magistrato, che aveva in carico la esecuzione della sentenza passata in giudicato, che ordinava la demolizione di quel complesso. Quando nel corso della riunione annunciai la disponibilità della Regione di procedere alla demolizione e di poterlo fare in tempi brevi, il dottor Marinaro mi guardò con lo sguardo di chi, avendo conosciuto tutte le possibili inadempienze e le mancanze di collaborazione fra le istituzioni, quella disponibilità la percepì come una sollecitudine tattica, tipica di quella cattiva amministrazione che, a parole, dichiara tutta la disponibilità, per negarla poi nei fatti, magari per "impreviste complicazioni procedurali".

Lo scetticismo del dottor Marinaro, giustificato dal lungo tempo trascorso nel quale non aveva trovato un effettivo riscontro nelle amministrazioni territoriali, fu sconfitto il 10 dicembre 2008, quando iniziarono i lavori di demolizione dell'intero complesso.

Dopo pochi mesi il sito era stato restituito ad uno splendore naturalistico, che forse non aveva mai conosciuto.

È evidente che non mancarono le curiosità nei comportamenti di quelle amministrazioni che avevano competenza giurisdizionale su quel sito, dalla Marina Militare alla Soprintendenza ai Beni Archeologici di Napoli. Alcune di quelle istituzioni, che non si erano accorte che un privato realizzava un porto abusivo, in uno dei siti di maggior pregio del patrimonio archeologico campano, dichiaravano la loro "preoccupazione" istituzionale nel voler concedere al Comune di Bacoli l'uso dell'area recuperata per farne un parco ed una spiaggia pubblica da offrire "legittimamente" ai cittadini.

1.3 Speculiamo sui morti

"*Non speculiamo sui morti!*" è quello che spesso sentiamo dire in occasione di eventi luttuosi, come quello che è successo sull'isola d'Ischia nel novembre 2009, come era capitato alcune settimane prima in Sicilia, come era successo un anno prima e si è poi ripetuto un anno dopo in Costiera amalfitana e, prima ancora, a Sarno, Cervinara, in Calabria sulla A3 ed ancora ad Ischia, in Liguria, in Veneto e poi ancora in Campania (mentre scrivo sono periodicamente costretto, purtroppo, ad aggiornare questo elenco). Potrei continuare scrivendo molte righe di eventi luttuosi, quelli ancora presenti nella memoria o ormai dimenticati, connessi all'abusivismo edilizio ed al dissesto del territorio.

Non speculiamo sui morti! Ma se di questi morti non se ne parla fin quando sono ancora lì, presenti, a ricordarci la nostra incapacità a governare i processi antropici e naturali che trasformano il territorio, non ne parleremo mai più. Subentrerà l'approssimazione ed il fatalismo con il quale affrontiamo le tematiche di governo del territorio, contrapponendo alla devastazione dell'abusivismo ragioni economiche e sociali; come se le ragioni economiche e sociali non possano essere validamente coniugate con il corretto uso del territorio.

L'abusivismo edilizio è uno dei temi dove si cerca di far scontrare le libertà sociali e quelle economiche con la tutela del territorio. Il diritto alla casa ed ai *comforts* abitativi, che il tempo che viviamo ci consentono, così come la libertà di intraprendere sono diritti inalienabili, ma non si possono affermare attraverso processi illegali. Questo è giusto che lo comprendano coloro che hanno il culto dell'abusivismo edilizio; quelli che pensano che la tutela dell'ambiente si misuri con la quantità di norme che gravano sul territorio; quei magistrati, che persi nel mare delle leggi, subordinano la sanzione specifica al principio generale del diritto alla casa o alle altre libertà costituzionali, come è capitato proprio ad Ischia, accolgono richieste di non abbattimento di opere abusive, alimentando speranze che si infrangeranno contro i provvedimenti definitivi, che non potranno che sanzionare l'abuso. Che lo comprendano i preti che organizzano marce di preghiera e veglie notturne, per giustificare comportamenti illegali, per i quali alcune volte si perde la vita. Che lo comprendano Berlusconi ed i berlusconiani quando, con dissennati annunci di improbabili moratorie degli abbattimenti di opere realizzate abusivamente, di fatto incentivano l'abusivismo futuro.

Perché, quando avremo dimenticato i morti, non ci ricorderemo più che di abusivismo edilizio e di mancata tutela del territorio, tra l'altro, *si muore*.

Perché i fabbricati realizzati abusivamente non possono essere considerati sicuri dal punto di vista statico, in quanto non sono stati sottoposti alle procedure, che la legge prevede per garantire la sicurezza statica e quella antisismica.

Mentre, da una parte, il legislatore continua ad emanare norme sempre più severe, in materia di resistenza delle strutture portanti, dall'altra, si continua ad ignorarle, consentendo a chi costruisce abusivamente di abitare manufatti pericolosi.

Perché o i manufatti abusivi sono pericolosi, oppure le norme in materia di statica degli edifici non servono a nulla. Delle due, l'una!

Siccome le norme riguardanti la sicurezza degli edifici sono fondate e servono a salvare la vita delle persone, speculiamo sui morti, non consentendo più a nessuno di vivere in condizioni di pericolo ed affrontiamo subito e risolviamo il fenomeno dell'abusivismo edilizio, come succede in alcuni stati europei dove non solo non esiste il fenomeno, ma, forse, non esiste neanche il termine linguistico.

L'abusivismo diffuso non è solo uno sfregio ambientale. È uno sfregio alla legalità. È uno sfregio ai cittadini onesti, che pur avendo l'esigenza della casa, in ossequio alle leggi, sono stati privati del loro diritto, consentendo ai "più furbi" l'abusivismo edilizio, usato come ammortizzatore di una necessità primaria.

Il fabbisogno abitativo deve essere affrontato attraverso adeguati strumenti urbanistici. Strumenti capaci di valutare sia la capacità di carico, da poter apportare al territorio, sia le esigenze economiche e sociali degli ambiti territoriali e delle relative collettività.

L'abusivismo edilizio falsa l'economia, in quanto consente solo agli spregiudicati di accrescere le proprie strutture produttive.

L'abusivismo edilizio, per questo, seleziona una classe di imprenditori che guardano all'illegalità come modalità per accrescere il loro patrimonio.

L'abusivismo edilizio crea il bisogno di avere una copertura amministrativa e politica, perciò falsa la democrazia. *L'abusivismo edilizio, abbattiamolo!*

1.4 Attori e complici

Esistono almeno tre tipi di abusivismo edilizio mescolati nella complessità sociale, economica e culturale del territorio:

- quello compiuto da chi sceglie la via della illegalità, perché il mercato non offre soluzioni a condizioni economiche ugualmente vantaggiose;
- quello che è finalizzato ad incrementare i patrimoni immobiliari;
- quello di mercato, che intercetta il fabbisogno di abitazioni.

Il primo, cosiddetto "di necessità", presuppone comunque una propensione alla illegalità da parte di chi è disposto a soddisfare un bisogno concreto effettuando un'attività illegale. È bene ricordare che il reato di abusivismo edilizio si compie investendo del danaro. Quindi chi lo compie non è certamente in condizioni di indigenza, pertanto avrebbe potuto soddisfare il proprio bisogno di avere una casa, anche in locazione, con modalità diverse. È evidente però che, se gli strumenti urbanistici generali e le politiche della casa fossero tali da cogliere l'effettivo fabbisogno abitativo, questa tipologia di abuso potrebbe fortemente contrarsi o addirittura azzerarsi.

Il calcolo del fabbisogno abitativo non può essere effettuato confrontando il numero di vani esistenti con il numero di abitanti. La società ha aggregazioni più complesse. È quindi più corretto non parlare di numero di abitanti, ma di *nuclei familiari*, che possono essere anche uniparentali, per le dinamiche che ormai, finalmente, la nostra società ha assunto: dai figli che vanno a vivere da soli, ai singoli separati, a chi si sposta per lavoro, agli anziani. Conseguentemente non si può parlare di vani, ma di *unità immobiliari*, perché un nucleo familiare, sia esso anche monoparentale vive non in un vano, ma in una unità immobiliare, più confortevole di un vano, anche se di dimensioni ridotte.

A questa modellazione bisogna aggiungere un altro parametro che è la disponibilità economica per entrare, in possesso o in proprietà, delle unità immobiliari disponibili. La disponibilità di unità immobiliari nelle zone della città dove le abitazioni sono più care non soddisfa le esigenze di chi guadagna 1.000 euro al mese, o forse meno. È necessario che il dimensionamento degli strumenti urbanistici comunali avvenga con parametri meno semplicistici di quelli troppo spesso adottati. È necessario che si tenga in conto delle fasce di disponibilità economica, formate da coloro che costituiscono la domanda rapportata alle richieste economiche dell'offerta. È necessario, infine, confrontare i parametri economici di coloro che costituiscono la domanda con quelli delle unità immobiliari offerte, introducendo riflessioni rispetto agli spostamenti casa-lavoro, al sistema infrastrutturale di trasporto ed alle condizioni sociali e culturali, affinché la localizzazione delle unità immobiliari sia tale da consentire tempi di spostamento ridotti per raggiungere i posti di lavoro o le aree di maggiore attrazione, quelle per il tempo libero e per l' approvvigionamento alimentare. Si dovrebbe tenere conto delle esigenze sociali che, in alcune realtà, vedono una contiguità dei rapporti tra le nuove famiglie e le famiglie di origine, che spesso diventa una soluzione per la gestione dei figli in età infantile e dei genitori anziani.

Gli strumenti di pianificazione urbanistica, spesso, non sono tali perché le organizzazioni sociali e politiche, che dovrebbero partecipare ed essere molto attente agli effetti delle previsioni, non sono capaci di prospettare compiutamente il reale e concreto fabbisogno di unità immobiliari, preferendo un confronto non tecnico con il decisore in carica: a volte per ingraziarselo; a volte perché se rimane il bisogno si controlla meglio il consenso; ed infine, visto che chi realizza un'abitazione abusiva cade inesorabilmente in una condizione di bisogno, tutto torna, perché rimane nella sfera del consenso orientabile.

Tali considerazioni non sono solo una critica agli uomini, ma sono soprattutto una critica alle organizzazioni della rappresentanza sociale e politica. Bisogna modificare le norme, affinché non si traduca una condizione di bisogno in consenso elettorale. Ciò può avvenire attraverso automatismi normativi, accelerazione delle procedure, assunzione di responsabilità per gli addetti delle istituzioni che esercitano la vigilanza e pubblicità delle procedure e dei provvedimenti.

Le responsabilità di chi deve controllare debbono diventare responsabilità personali e le norme in materia di pubbliche amministrazioni e di forze di polizia locali e nazionali debbono individuare sanzioni per chi, oggettivamente, non poteva non vedere una costruzione abusiva.

Se chi deve controllare il territorio non vede una costruzione abusiva, che in alcuni casi, come la legenda vuole, si possono costruire anche in una notte, ma certamente non si possono rifinire ed abitare; se nessuno si accorge delle betoniere che trasportano il calcestruzzo e dei camion che trasportano il ferro e gli altri materiali, allora si può commettere qualsiasi reato: installare una rampa di lancio di missili terra-terra o se preferite terra-aria per indirizzarli dappertutto.

Tre sono le ipotesi: le forze di Polizia, locali e nazionali, non hanno il completo controllo del territorio, o anche fra i loro addetti esiste la considerazione culturale che: "*In fondo che male c'è, stanno costruendo solo una casa*", o vi sono fenomeni di corruzione.

Scoprire tempestivamente un abuso, e questo si può, è fondamentale nel contrasto all'abusivismo edilizio. Intanto perché abbattere un abuso edilizio non ancora abitato è più semplice dal punto di vista tecnico, ma lo è ancor di più dal punto di vista sociale, che è la sfera dove spesso ricadono gli abusi cosiddetti "di necessità". L'intervento tempestivo dimostra l'efficacia dello Stato, sulla quale non molti scommettono e quindi ci provano.

Esiste la necessità di avere un'abitazione, non quella di compiere un abuso edilizio; così come esiste la necessità di avere del denaro, ma non quella di fare una rapina. L'abuso edilizio è un reato che costa, nel senso che per compierlo bisogna spendere dei soldi. Certo meno di quanto costa una abitazione sul mercato legale, ma comunque bisogna spendere dei soldi. Se tutti gli autori degli abusi di necessità avessero posto, ai governanti del momento, con la stessa forza con la quale hanno addirittura impegnato proprie risorse finanziarie, il problema della corretta redazione degli strumenti urbanistici per soddisfare i loro effettivi bisogni, avremmo oggi strumenti urbanistici più corretti ed una situazione di maggiore legalità. Mentre scrivo rifletto su quanto sia più facile scriverlo che farlo. Bisogna pure iniziare!

Come nell'*Inferno* di Dante, chi attraverso l'abusivismo edilizio vuole incrementare il proprio patrimonio immobiliare deve essere collocato in un cerchio più profondo rispetto a chi può avere una giustificazione sociale. Mentre per il primo caso, pur non giustificandolo per le motivazioni più volte espresse in ordine all'arbitrarietà nel soddisfare una propria esigenza, si deve indagare sull'abbattimento di quelle barriere che si frappongono al soddisfacimento di alcuni bisogni sociali; per chi, senza esigenze sociali, realizza opere abusive si deve solo argomentare sulle modalità di abbattimento. In questa fascia di abusivisti si annidano le fasce più facoltose della società, che anche attraverso i collegamenti sociali con i centri decisionali riescono, a volte meglio di altri, a tutelare quanto illegalmente hanno realizzato.

L'isola di Capri è suddivisa nel Comune di Capri e nel Comune di Anacapri. Il primo è il più noto. Il secondo, nel cui territorio si trova la famosa Grotta azzurra, per la sua maggiore naturalità è stato, già sul finire dell'Ottocento, meta di uomini di cultura, regnanti e politici europei in cerca di privacy.

Da qualche tempo è in atto un fenomeno di migrazione dal Comune di Capri al Comune di Anacapri. Molti cittadini di Capri vendono la loro abitazione, che per la notorietà del posto vale cifre considerevoli, e comprano un terreno ad Anacapri e lì costruiscono una nuova abitazione. In apparenza una comprensibile operazione economica, dovuta alla differenza fra il valore di una casa a Capri ed il costo per la costruzione di una nuova casa ad Anacapri, se non considerassimo, il non trascurabile particolare, che probabilmente l'abitazione che realizzeranno ad Anacapri sarà abusiva. In alcuni casi, gli stessi, avevano già realizzato una abitazione abusiva a Capri, negli anni scorsi, che hanno provveduto a vendere per poi trasferirsi ad Anacapri per realizzare una nuova casa abusiva. Lucrando, quindi, su una doppia rapina ai danni del territorio e della collettività.

La terza tipologia è quella che viene esercitata da una

organizzazione, spesso camorristica, che con l'acquiescenza di tecnici comunali, di professionisti locali, di politici e di notai organizzano una attività immobiliare abusiva. Per questo tipo di reati si va dal cambio di destinazione d'uso illegale, ovvero si ottiene il permesso di costruire per realizzare, ad esempio, dei laboratori artigianali ed invece si realizzano abitazioni, fino alla realizzazione di manufatti interamente abusivi. Alcune volte è stata utilizzata la formula del "condono preventivo", condonando, in occasione di condoni edilizi, abusi inesistenti e procedendo solo successivamente alla realizzazione di quei manufatti, dei quali si era dichiarata la esistenza. Tutto ciò con la stretta collaborazione di appartenenti agli uffici comunali.

Questa tipologia, più di ogni altra, fa crescere una classe di imprenditori che si muovono nell'illegalità. Imprenditori che spesso utilizzano i proventi della loro attività illegale per imporsi nel mercato delle attività legali, con il risultato che, in alcune aree del Paese, vengono scacciati gli imprenditori onesti e l'imprenditoria legale diviene completamente condizionata da soggetti alla ricerca di occasioni per delinquere.

In precedenza ho riportato un esempio che ha visto come protagonista il Comune di Casalnuovo di Napoli, ma potrebbe riguardare altri Comuni, non solo campani, dove le dinamiche imprenditoriali sono falsate dall'abusivismo edilizio. Proprio in questo contesto entra in gioco la criminalità organizzata, che razzola nel bisogno! A maggior ragione se il soddisfacimento di questo bisogno si svolge in cantieri all'aperto, come i cantieri edili, dove è più facile portare azioni intimidatorie.

Le grandi speculazioni edilizie abusive sono fatte o direttamente dalla criminalità organizzata o con il loro beneplacito, per la capacità che hanno di controllare il territorio e per la capacità di infiltrarsi nella politica e nella Pubblica Amministrazione. Sconfiggere l'abusivismo edilizio significa azzerare una parte delle attività criminali.

Per le organizzazioni criminali, al momento, l'attività edilizia abusiva, nell'esame dei vantaggi e degli svantaggi, è tra le più convenienti, in quanto la possibilità di farla franca, o comunque di non perdere il capitale investito, è rilevante. Se con la complicità di notai, professionisti, uffici tecnici comunali - riescono ad avere un anticipo dai compratori e vendere, come si dice, "sulla carta", non rischiano neanche danaro proprio; le pene sono contenute; la ricaduta sull'immagine sociale è nulla, perché "*così fan tutte*"; o addirittura, il costruire abitazioni per coloro che hanno bisogno, potrebbe determinare anche qualche considerazione meritoria.

Tornando agli onesti cittadini, se tutti gli autori degli abusi abbiano coscienza di porre in essere un comportamento illegale è una domanda che mi sono posto. Infatti, in alcuni casi, ovviamente non parlo dell'abusivismo speculativo fatto in aree di pregio oppure da chi sa bene i vantaggi economici che ne deriveranno, ho avuto modo di incontrare dei cittadini che, molto candidamente, riferiscono di avere chiesto al Sindaco, all'Assessore o all'Amministratore di turno se era possibile realizzare l'opera contestata e che da questi avevano sostanzialmente avuto una paterna approvazione. Pur trattandosi, è bene dirlo, di cittadini ai limiti dell'analfabetismo, questi episodi devono far riflettere sulla esigenza di dare a tutti le conoscenze di base, se vogliamo che la democrazia, in tutte le realtà, diventi compiuta. Molte volte si tratta di persone relativamente giovani, intorno ai cinquant'anni, massacrati dal lavoro e da gravosi stili di vita, che dimostrano almeno venti anni in più. La cosa che più mi ha colpito è che queste persone siano quelle che accettano con maggiore rassegnazione il provvedimento di demolizione, anzi rappresentano certamente la più alta percentuale di quelli che provvedono all'autodemolizione. Tutt'altra cosa la spocchia della borghesia, specialmente se è parte di quella cosiddetta "colta" o semplicemente ricca.

L'assenza, negli anni scorsi, di un efficace contrasto all'abusivismo edilizio ha determinato la convinzione che poteva essere una illegalità immune soprattutto dalla sanzione della demolizione. Questo convincimento si potrà avversare solo con una efficace azione di contrasto e con una adeguata comunicazione, che per prima cosa evidenzi come l'investimento nell'abusivismo edilizio non sia più un investimento certo e che, grazie al maggior impegno di alcune istituzioni ed allo sviluppo tecnologico, diventi sempre di più non un investimento ma una roulette russa.

Perché si possa compiere un abuso edilizio le complicità debbono essere molteplici: dal vicino di casa, che alcune volte da quell'abuso ne trae un suo diritto a costruire anch'egli qualcosa di illegale; alla Polizia urbana; alle Forze dell'ordine. Per i magisteri che la realizzazione di un abuso edilizio necessita è impossibile, da parte di chi deve vigilare sul territorio, non accorgersene.

Molti anni fa ho scoperto che alcuni abusi venivano realizzati con la tecnica che potremo chiamare "delle pagliarelle", fu in Costiera amalfitana. Ero nella Commissione edilizia comunale. Navigando nel meraviglioso braccio di mare prospiciente la costa positanese, da dove si vedono cose che da terra è difficile vedere, mi accorsi che da un giorno all'altro spuntavano delle strutture provvisorie, realizzate con pali in legno e stuoie di canne, costruzioni precarie, come dei capanni. Mi accorsi, però, dopo qualche giorno, che nello stesso posto era spuntata una costruzione. La tecnica che avevano messo a punto era semplice: costruire un paravento di stuoie di canne, capace di occultare l'attività di costruzione di un manufatto abusivo. Gli abusivisti sono molto ingegnosi.

Un noto avvocato, ora scomparso, mi confidava, molti anni fa: "*L'attività abusiva va compiuta ogni giorno, con continuità, così dà meno nell'occhio ed ha buone probabilità di non incorrere nelle sanzioni di legge*". È vero gli abusivisti, specialmente quelli che operano nei luoghi di grande pregio ambientale, sono molto astuti e ben assistiti da fantasiosi avvocati, però se chi deve vigilare presta attenzione a ciò che vigila, cercando di vedere e non solo di guardare, non sarà difficile scoprire se dietro alle stuoie di canne si nasconde un abuso in costruzione.

Molte strutture sono state realizzate con la tecnica della "pagliarella" e molte considerevoli condizioni economiche, proprio nelle aree di maggior pregio paesaggistico del Paese, si sono rafforzate o addirittura create con l'abusivismo edilizio.

Ricordo un tale, il cui trucco provvidi a smascherare proprio nel periodo in cui ero nella Commissione edilizia di Positano, che abusivamente, durante l'inverno, con la tecnica della "pagliarella", applicata alla morfologia a terrazzamenti, realizzava prima una piscina, contrabbandandola per una vasca antincendio. Successivamente, dopo aver adeguatamente contraffatto, con la collaborazione di professionisti locali, Pubblica Amministrazione e notai, le planimetrie catastali ed altri documenti, le avrebbe esibite come probanti, al fine di sostenere la esistenza di una unità abitativa, per la quale richiedeva la ristrutturazione, trasformandolo in un delizioso appartamentino con vista sull'Isola dei Galli. Il colpo di mano avveniva con delle performance tecnologiche da fare invidia a tutti coloro che si occupano di convertibilità delle destinazioni d'uso dei manufatti edili. Già nella fase di realizzazione della vasca/piscina, utilizzando la caratteristica peculiare del terrazzamento, che è quella di avere comunque una faccia fuori terra, proprio lì, sulla faccia fuori terra venivano realizzati i vani delle porte e delle finestre, adeguatamente tamponate, per essere pronte, come in un gioco di prestigio, abbattendo un semplice diaframma, a diventare le necessarie aperture dell'abitazione.

Cerco di sfuggire alla tentazione di criticare le Forze di Polizia, che fanno molto, in molti campi, rischiando spesso la vita, ma non abbastanza nel contrasto all'abusivismo edilizio. Probabilmente, quando non si tratta di corruzione, interviene il convincimento culturale che non fa individuare come un reato da perseguire l'attività di un cittadino che si costruisce una casa. Purtroppo è forte, non solo tra le Forze dell'ordine ma a diversi livelli istituzionali, il convincimento che chi ha realizzato un'abitazione è giusto che abbia qualche fastidio, ma addirittura arrivare alla demolizione appare una misura troppo drastica. È una scelta di campo. La democrazia funziona se si rispettano le regole. Se le regole non si ritengono giuste è bene cambiarle. Certamente non è accettabile la doppia morale: "*Facciamo regole rigide, tanto poi non le facciamo rispettare*".

Questa è una strada pericolosa, che porta all'arbitrio del singolo agente o funzionario ed amplia la strada della corruzione. Così come non fanno abbastanza tutte le istituzioni che hanno competenza nel contrasto dell'abusivismo edilizio, nessuno escluso, dalla Magistratura, ai Comuni, passando per le Regioni. Ciò per una semplice constatazione. Se gli abusi edilizi continuano ad essere realizzati, superata la fase di acquiescenza, dovuta ai vari condoni, significa o che l'abusivismo non si vuole contrastare, per motivazioni varie, dalla corruzione alla comprensione, oppure, e sarebbe ancora più grave, non vi è il completo controllo del territorio.

La Polizia locale e gli Uffici comunali da soli non sono in grado di contrastare il fenomeno dell'abusivismo edilizio, dove questo fenomeno ha assunto dimensioni di illegalità diffusa. Dove il fenomeno dell'abusivismo edilizio ha assunto caratteristiche diffuse, nel territorio comunale, vi è stata una legittimazione da parte degli amministratori di quei Comuni, che sono gli stessi che scelgono i Segretari comunali, i Tecnici comunali, il personale della Polizia locale. Gli amministratori, e quindi la politica, utilizzano il bisogno di abitazioni per condizionare una parte del consenso. Le nuove amministrazioni, senza il peso delle colpe di quelle passate, potrebbero intraprendere una battaglia politica per garantire alla cittadinanza una condizione abitativa capace di soddisfare il bisogno di edilizia residenziale. Non lo fanno, molte volte per incapacità, altre volte perché deliberatamente preferiscono continuare a favorire la scorciatoia dell'abusivismo edilizio, per stabilire, anche loro, un legame con l'abusivo, che garantisce il suo consenso ad ogni occasione elettorale. Nei casi di maggiore spregiudicatezza, qualche amministratore valuta che non solo da tutto ciò può trarne dei voti, ma anche occasioni di guadagno, suggerendo l'impresa appaltatrice, i professionisti, ecc.; oppure occasioni di altro consenso, creando posti di lavoro in nero e così via.

Se quelle stesse amministrazioni, invece di ricadere nel vortice dell'abusivismo edilizio, si impegnassero ad approvare strumenti urbanistici capaci di interpretare le effettive esigenze della collettività, avremmo città più ordinate e con potenziali di sviluppo certamente maggiori, ma con il "difetto" che i cittadini sarebbero più liberi di dare il loro consenso a chi indicherà loro gli obiettivi strategici più convincenti.

È necessario approvare da parte del governo centrale, titolare della materia, norme che individuino le specifiche responsabilità personali di tutti coloro, che ai diversi livelli, hanno la responsabilità, in ambito locale, delle azioni di contrasto all'abusivismo edilizio, non per gravare il personale comunale - e quello che in generale ha il compito di vigilare e di sanzionare - di un ulteriore fardello, ma per offrire agli stessi una motivazione, anche personale, attraverso la quale possano contrastare le pressioni derivanti dagli amministratori, nel caso in cui venga chiesto di non accorgersi dell'una o dell'altra attività abusiva. Se le responsabilità di coloro che hanno il compito di vigilare sul territorio, con riferimento alle specifiche zone di competenza dei singoli agenti, fossero personali - attraverso precise incombenze penali o sanzioni amministrative, fino alla perdita del posto di lavoro - diverrebbe più difficile realizzare opere abusive. Diverrebbe più difficile per chiunque chiedere ai funzionari pubblici ed agli agenti di polizia locale di non accorgersi delle violazioni, in quanto il singolo responsabile, a meno di casi particolari, opporrebbe certamente il timore della perdita del proprio posto di lavoro o comunque della sanzione grave.

Lo sviluppo di livelli elevati di abusivismo edilizio passa attraverso la indifferenza o la connivenza di tutti coloro che debbono vigilare il territorio, dalla polizia locale alle forze dell'ordine. Se gli abusi edilizi, considerati i magisteri ed i movimenti di uomini, di materiali e di mezzi che per la realizzazione di tali opere sono necessarie, non venissero effettivamente rilevati da coloro che debbono vigilare sul territorio, direi che la situazione sarebbe, se è possibile, ancora più grave. A tal proposito possiamo, però, condividere con il grande Flaiano una delle sue indimenticabili arguzie: "*La situazione è grave ma non è seria!*"

1.5 Le ipotesi risolutive

Parlare di ipotesi risolutive per l'abusivismo edilizio è quasi un "non senso" per ogni parte politica. La politica non ha soluzioni e non ne vuole avere. Per diversi motivi.

Il Centro-destra se non sponsorizza l'abusivismo, quanto meno non l'osteggia. Basta vedere le misure con i decreti blocca-ruspe nell'Isola d'Ischia adottati nella primavera del 2010, guarda caso in occasione delle elezioni regionali, e gli annunci di Berlusconi in occasione delle comunali del 15-16 maggio 2011. Sono state create fortune politiche promettendo agli interessati la risoluzione del problema abusivismo. In verità non vi sarà alcuna risoluzione. La risoluzione definitiva, è meglio che i cittadini lo sappiano, non avverrà mai, perché non si uccide la gallina dalle uova d'oro.

Il Centro-sinistra, o come vogliamo chiamarlo, si divide in quelli che, non dicendolo pubblicamente, sostengono che in fondo realizzare una casa, ancorché abusivamente, non sia nulla di male; quelli che rigettano qualsiasi ipotesi di risoluzione, al fine di salvare i buoni rapporti elettorali con le associazioni ambientaliste; e quelli che in modo radicale ritengono che tutto ciò che è stato realizzato abusivamente debba essere demolito. Se dovessi scegliere preferirei quest'ultima parte. Almeno ha il vantaggio di non essere utilitaristica.

Purtroppo il problema non è semplice e le ipotesi normative che, di tanto in tanto, leggo sui giornali, in ordine al problema abusivismo edilizio mi sembrano confuse e non risolutive. Si dovrebbe partire da una visione più ampia del fenomeno abusivismo edilizio, che non si ferma allo scempio del territorio ma coinvolge, come ho più volte ripetuto, questioni economiche, etiche e sociali; perché esso determina vantaggi per coloro che sono disposti a non rispettare le leggi, mortificando quelli che le leggi le rispettano e per questo sono costretti a pagare elevati canoni di locazione o, se sono imprenditori, a vedere il loro concorrente diventare più forte, avendo avuto come unico merito il disprezzo delle regole.

L'abusivismo edilizio, quando raggiunge i livelli che ha raggiunto in Campania, nel Mezzoggiorno ed in alcune aree del Nord Italia, falsa la democrazia, perché favorisce quei candidati disposti ad assicurare il rispetto della "illegalità". Per tutto ciò, è necessario dare una soluzione totale e definitiva al contrasto all'abusivismo edilizio, intanto costruendo norme che blocchino l'abusivismo futuro, che invece qualsiasi ulteriore "sanatoria" potrebbe solo incentivare.

Occupandomi da anni del problema ed avendo dato avvio al contrasto all'abusivismo edilizio in Campania, ho avuto modo di elaborare alcune ipotesi che possono dare la soluzione. Per bloccare l'abusivismo futuro è necessario un sistema tecnico-ingegneristico di controllo e vigilanza del territorio (come i rilievi satellitari che, in Campania, sono stati messi a punto negli anni scorsi) ed una integrazione al sistema di regole amministrative che garantiscano i controlli tecnici e sanzionino le amministrazioni che al rispetto delle regole si sottraggono.

A tal proposito si potrebbe integrare l'articolo 141, comma 1, del Decreto Legislativo 18.8.2000, n. 267, recante Testo Unico degli Enti Locali, in materia di scioglimento dei consigli comunali, aggiundendo la seguente lettera "c-ter":

> Nelle ipotesi in cui gli enti territoriali competenti non abbiano approvato, nei termini e modi previsti dalla vigente legislazione in materia di appalti di cui al decreto legislativo 12

aprile 2006 n. 163, il Piano annuale di demolizione dei manufatti edilizi abusivi unitamente al Piano annuale e triennale delle opere pubbliche, o non adottino il Piano di demolizione entro sei mesi dalla data di elezione degli organi. In questo caso, il decreto di scioglimento del consiglio è adottato, su obbligatoria segnalazione degli uffici regionali competenti, su proposta del Ministro dell'interno di concerto con il Ministro dell'Ambiente e di Tutela del Territorio.

Lo stesso comma 1 del citato articolo 141 già prevede fra i motivi dello scioglimento dei Consigli comunali la materia dell'urbanistica e precisamente l'assenza di strumenti urbanistici per i Comuni superiori a 1.000 abitanti.

Ulteriore attività da mettere in campo è la pubblicità, attraverso i siti web delle Regioni e delle prefetture, riguardanti le comunicazioni che agli uffici regionali pervengono, mensilmente, dai segretari comunali, relative alle ordinanze emesse in materia di abusi edilizi. Oltre all'elenco di quei Comuni che, nonostante l'obbligo, non provvedano mensilmente all'invio dell'informativa. Ciò favorirebbe l'applicazione di quelle norme, spesso dimenticate, che impediscono ai fornitori di servizi, quale la distribuzione di energia elettrica, dell'acqua o del gas, di collegare alla rete una costruzione abusiva. Rendere così il fabbricato realizzato non utilizzabile.

Solo dopo aver bloccato l'abusivismo futuro si può pensare di affrontare il fenomeno pregresso, dando a questo una soluzione di tipo urbanistico: attraverso le necessarie operazioni capaci di mitigare o compensare gli effetti determinati dagli abusi, creando così una condizione di equilibrio, che diventa essa stessa criterio per l'azione di recupero.

Per concludere è evidente che sotteso a tutto quanto illustrato vi è la revisione di alcune norme urbanistiche e paesaggistiche, che, interpretando la complessità non solo ambientale ma economica e sociale dei territori, siano idonee a promuovere sia sviluppo che eque condizioni di accesso all'edilizia residenziale senza, per questo, mortificare le azioni di tutela.

Una considerazione finale. Prima di lasciare la Direzione del Settore Urbanistica della Regione Campania, proprio per incrementare gli strumenti di lotta all'abusivismo edilizio, ho messo in atto, ritengo, una formidabile azione di contrasto: la "bacheca degli abusi edilizi". Attraverso tale strumento era mia intenzione rendere pubblici, sul sito della Regione Campania, i dati che i Segretari comunali mensilmente debbono trasmettere alla Regione, in ordine alle segnalazioni che ad essi pervengono dagli Uffici e dalle Istituzioni competenti sul territorio comunale. L'azione muove dal convincimento strategico che rendere pubblici il nome, cognome, indirizzo, ecc... degli autori di qualsiasi abuso di per sé renda più efficace l'azione di contrasto. A ciò si aggiunge, appunto, il non trascurabile risultato pratico di informare in tempo reale le aziende erogatrici di servizi pubblici, come quelle distributrici di energia elettrica, gas, ecc... che in presenza di un abuso edilizio non possono connettere il manufatto alla rete; di tenere informati sia la Magistratura che i mass media circa l'attività edilizia abusiva. A quel punto nessuno potrà dire "*non sapevo*".

La redazione del programma, interamente concepito negli uffici del Servizio Vigilanza e Repressione Abusivismo Edilizio-Condono Edilizio, appartenente al Settore da me diretto, con l'assistenza esterna dell'azienda Voccia S.p.a. di Pompei (NA), è stato un lavoro molto interessante, che è partito da un mio decreto del 15 marzo 2010, pubblicato sul Bollettino Ufficiale della Regione Campania in data 22 marzo 2010, avente per oggetto la

"Pubblicizzazione dei dati trasmessi dai Segretari comunali relativi agli atti in materia di vigilanza e repressione degli abusi edilizi".

In tale decreto, approvato dopo alcune riflessioni circa le norme in materia di protezione dei dati personali e dopo alcuni incontri con la soppressa Agenzia autonoma per la gestione dell'Albo dei Segretari comunali e provinciali, oltre a richiedere ai Comuni che i dati venissero inviati in forma omogenea per facilitarne la pubblicazione, si rendeva noto che i dati pervenuti sarebbero stati resi pubblici sul sito ufficiale della Regione Campania. Così è avvenuto nel mese di giugno 2010, pubblicando i dati riferiti al mese di aprile dello stesso anno. Debbo dire che mentre scrivo, sono andato a controllare se i dati sono stati regolarmente aggiornati. Ho dovuto tristemente constatare che sono fermi, come succede per gli orologi a causa di un terremoto, all'aprile 2010. Provateci voi!

L'indirizzo è:

http://www.abusivismo.regione.campania.it/Abusivismo/RiepilogoAbusi.php

Oppure seguendo il percorso:

regione.campania.it > Cittadini > Ambiente e Territorio > Urbanistica > Banca dati on line abusivismo edilizio.

2
Il governo del territorio

2.1 L'ecologia

Tempo fa, fui invitato ad un dibattito pubblico che si teneva in una piazza del Comune di Praja a Mare, in provincia di Cosenza. Il tema della discussione era posto dal libro di un antropologo calabrese, Mauro Francesco Minervino, dal titolo metaforico *La Calabria brucia*. Il libro di Minervino pone certamente un problema ecologico, quale la relazione tra l'uomo e l'ambiente che lo circonda. Se l'ecologia è la scienza che studia le relazioni fra gli esseri viventi e l'ambiente in cui essi vivono, il degrado sociale in alcune aree dell'Italia e del mondo non possono che essere studiate in termini di rapporti ecologici.

Voglio subito annotare come la stessa presentazione del libro fosse la dimostrazione che se cambiano i parametri ambientali, intendendo con questi non solo quelli fisici, chimici e biologici, ma altresì quelli sociali ed economici, i comportamenti degli uomini si modificano. In quella stessa degradata Calabria, della quale parla Minervino, che, in estate, ospita turisti provenienti dalla, se è possibile, ancora più martoriata area napoletana, si partecipava ad un civile dibattito. Tra il pubblico, non vi erano solo appassionati antropologi o acuti economisti, amanti di speculazioni filosofiche, ma c'erano molte persone che ponevano questioni concrete, quanto mai appropriate, pronte a riflettere e discutere di tutto, anche di quello che passa per uno dei miti intoccabili: Maradona. Proposi, nel corso del dibattito il tema dell'immoralità dei compensi ai calciatori, sostenendo che questo calcio falsa i rapporti fra la prestazione ed il compenso; che Maradona, come altri calciatori o uomini di spettacolo sono una iattura per la società e per i giovani che, confusi da un sistema sociale ed economico ormai alle corde, sintetizzano l'essere un grande campione o un grande artista con le frequentazioni camorristiche, l'evasione fiscale, la droga. I più erano pronti a riflettere ed a discuterne. Anche in una serata di agosto c'è stato posto per riflettere. Quindi in quella martoriata Calabria con soggetti provenienti dalla, se è possibile, più martoriata area napoletana elaborare insieme un pensiero è stato possibile.

Ho voluto raccontare questa esperienza per affermare una mia salda convinzione. Non è vero che tutto è perduto! Trovo la visione pessimistica una posizione ascientifica, pronta a rappresentare che tutto è perduto, che tutto è inquinato, che nulla potrà più essere fatto per salvare la nostra società ed il pianeta: una posizione pericolosa dal punto di vista pratico, in quanto porta alla conclusione che se il mare è irrimediabilmente inquinato, possiamo continuare ad inquinarlo. Un atteggiamento che porta a giustificare i fallimenti, determinati più dalla incapacità di risolvere i problemi delle trasformazioni del territorio che dalla impossibilità di governarli.

A tal proposito riporto di seguito quanto è stato pubblicato su «La nuova ecologia» circa il fiume Tamigi.

> **«Il fiume che attraversa Londra era dato per morto. Ora ospita 125 specie di pesci e si aggiudica il riconoscimento internazionale che premia i progetti di rigenerazione dei corsi d'acqua.**
>
> Cinquant'anni fa era stato dichiarato clinicamente morto, poco più di una latrina a cielo aperto, oggi invece il fiume che

attraversa la capitale britannica, il Tamigi, ospita 125 specie di pesci, tra cui salmoni, trote e sogliole. Tanto che è stato proprio il Tamigi ad aggiudicarsi quest'anno l'International Thiess River Prize, il riconoscimento internazionale che premia i progetti di rigenerazione dei corsi acquatici. La competizione, alla quale hanno partecipato anche il Rio delle Amazzoni e il cinese Fiume Giallo, prevede un premio di oltre 200 mila sterline in contanti che ora verranno spese in nuovi progetti di rigenenerazione dalla Environment Agency (Ea), l'ente statale che gestisce il Tamigi.
"Sulle rive del Tamigi – ha detto un portavoce dell'Ea – vivono oltre 13 milioni di persone e ci sono ancora un bel po' d'industrie". Nonostante questo, il fiume di Londra può vantare qualità dell'acqua "buona" o "molto buona" su oltre l'80% del suo corso. Solo negli ultimi cinque anni ci sono stati 400 progetti di recupero e circa 70 chilometri di rive sono state rigenerate, spesso trasformando canali urbani di cemento in anfratti semi-naturali. "In 150 anni il Tamigi ha compiuto un viaggio all'inferno per poi fare ritorno", ha concluso Alistair Driver, responsabile della conservazione della Environment Agency».

(Ansa)

O se preferite come sta succedendo nella Ruhr, in Germania, che era il regno del carbone, dell'acciaio e del cemento ed oggi vede iniziato un nuovo corso.

Ricordo quando dirigevo il Sevizio ambiente del Comune di Napoli. Tra le diverse e complesse condizioni ambientali del territorio comunale, vi era quella del tratto di mare che dava da Castel dell'Ovo al porticciolo turistico di Mergellina. Mi incuriosiva molto che quel paraggio così sporgente verso ponente rispetto al porto di Napoli potesse essere influenzato dalla stessa presenza del porto, tanto da rendere, in quel tratto, le acque non balenabili, anche perché sul confine del paraggio opposto al Porto di Napoli, quello occidentale, verso Posillipo, le acque risultavano balneabili, alle analisi effettuate dall'ARPAC. Studiammo, per alcuni mesi, lo specchio d'acqua insieme al Servizio Mare del Comune di Napoli, alla Università Parthenope, alla ARPAC, alla ASL, per scoprire che non era l'inquinamento del Porto di Napoli che rendeva non balenabili quelle acque. Era semplicemente il cattivo funzionamento del sistema fognante, che sversava in mare reflui inquinati e non solo acque diluite, durante intensi eventi piovosi, così come era stato progettato. Infatti, in quel tratto di mare scaricano alcune condotte che in condizione di magra, quando non piove, recapitano le acque al depuratore. Quando invece piove molto, per non gravare sul depuratore, compromettendone anche il funzionamento, e considerando che le acque molto diluite non sono inquinanti, il sistema fognante, attraverso un foro, chiamato di "troppo pieno", praticato sulla parte alta dei pozzetti di raccordo delle tubazioni, scarica in mare solo la parte meno inquinata, trasportando al depuratore la parte rimanente. Quando non si effettua la manutenzione del sistema fognante, i sedimenti che si accumulano sul fondo delle condotte e dei pozzetti modificano la posizione del fondo delle condotte portandolo sempre più in alto, sempre più vicino ai fori di "troppo pieno", determinando, quindi, lo sversamento in mare anche di acque poco diluite, che deteriorano il braccio di mare nel quale sversano.

Bastò pulire il sistema fognante, spendendo una cifra che nel 2001 fu pari a circa 500 milioni di lire per ridare ad uno dei tratti di mare più famosi, quello prospiciente via Caracciolo, la balneazione. Ciò non ha avuto solo un significato ambientale, ma insieme un significato economico e sociale, in quanto non solo ha migliorato il funzionamento di quel sistema ambientale, ma ha ristabilito il naturale rapporto tra la città ed il suo mare e quindi con i suoi usi legittimi.

In quel tratto del mare di Napoli ci si può bagnare, senza costringere i ceti meno abbienti, per le più varie motivazioni economiche e sociali, a farlo comunque, rischiando sia la salute che le sanzioni amministrative, conseguenti ad un rassegnato divieto di balneazione, frutto sia della visione catastrofista (l'economia della catastrofe remunera alcuni più di quella del buon funzionamento) che della incapacità di governare il territorio.

Il giorno del ripristino della balneazione venne l'allora ministro Alfonso Pecoraro Scanio, al quale stavo illustrando sia le indagini effettuate che gli accorgimenti messi in atto, quando un giovinetto dalla faccia vispa ed indisponente stava uscendo dall'acqua ed il Ministro, osservandolo, gli chiese se era contento di potersi bagnare liberamente senza rischi per la salute e senza essere inseguito dai vigili urbani, nel tentativo di far rispettare il vecchio divieto di balneazione. Lo "scugnizzo" guardò il Ministro e gli rispose: «*Sì! Però l'acqua è fredda*».

Il degrado del territorio influenza il degrado dell'uomo e diventa una spirale senza fine. Da questa deriva si esce solo con adeguati modelli di sviluppo che interpretino le esigenze dell'uomo e lo rendano libero dai bisogni primari, il cibo, la casa, il lavoro, la salute. Solo uomini liberi dal bisogno possono scegliere una classe politica che proponga seri e concreti progetti di sviluppo e non esclusivamente soluzioni particolari e personali, una classe politica che se trae il suo consenso dal disagio non ha motivo per eliminare le cause dello stesso malessere.

I modelli di sviluppo perché siano efficaci debbono essere sostenibili sotto l'aspetto ambientale, perché ciò consente di non distruggere le risorse sulle quali è fondata la stessa strategia di sviluppo; sotto l'aspetto economico, perché il processo possa autoalimentarsi; sotto l'aspetto sociale, perché, con una considerazione molto laica, il progetto possa interessare tutti e quindi essere da tutti tutelato.

Un altro fattore, e per certi aspetti il più importante, è il tempo. Stabilire dei tempi consente di monitorare i processi e correggere, eventualmente, la direzione quando il caso lo richieda.

L'Italia e soprattutto il Mezzogiorno sono pieni di strumenti urbanistici dove il tempo sembra essere una variante non significativa. Cinque o sei anni per redigerli, altri cinque o sei anni per approvarli. Le previsioni erano fondate su dati vecchi di altri dieci anni. Alla fine applichiamo al territorio uno strumento vecchio di venti anni. Tale distonia accentua i suoi aspetti negativi man mano che tutto diventa più vicino, si velocizzano i processi economici, ed il pianeta diventa sempre più a portata di mano. Le periferie diventano periferie del mondo.

Proprio in questi giorni sentiamo parlare di piani per il Mezzogiorno. Che ben vengano, ma che siano effettivi piani di sviluppo. Un punto di forza di questi piani, come di quelli precedenti, è dimostrare come saremo ricchi e felici fra dieci anni. E domani, e dopodomani, e nel breve termine; tratteniamo il respiro… ed in apnea facciamo trascorrere i prossimi dieci-venti anni. Perché tanti ne necessitano, da noi, perché una infrastruttura venga progettata, realizzata e messa in esercizio. A questo proposito mi piace evidenziare che questa non è una visione pessimistica della infrastrutturazione specialmente del Mezzogiorno, in quanto, la realizzazione delle infrastrutture più importanti ha avuto, spesso, una durata non misurabile in anni, ma addirittura in progressione generazionale. I miei genitori sono della generazione della costruzione dell'Autostrada del Sole; io sono della generazione del raddoppio della linea ferroviaria Battipaglia-Reggio Calabria; mia figlia è della generazione dell'ampliamento della Salerno-Reggio Calabria. Se i Piani per il Mezzogiorno, dei quali sentiamo parlare avranno gli stessi tempi, le opere contrassegneranno la vita dei miei nipoti. E gli effetti sullo sviluppo? Per quelli dovremo andare molto più avanti!

I piani annunciati e quelli passati trascurano l'unico aspetto che può dare effetti positivi sullo sviluppo a breve termine, l'organizzazione delle potenzialità esistenti. Avere una capacità ricettiva semplice, ma garbata, avere una ristorazione di buona qualità fatta di prodotti locali, avere il mare pulito in un area del Paese dove, non essendoci insediamenti industriali, l'inquinamento è solo umano e quindi facilmente fronteggiabile, abbisogna di tempi certamente più brevi per esplicare gli effetti positivi, in attesa che si completi il quadro infrastrutturale.

Siamo riusciti a rendere inquinanti anche gli aerogeneratori e quindi le fonti rinnovabili di energia. In quanto, in assoluta assenza di modelli scientificamente corretti, stiamo rischiando di scaricare sul paesaggio i problemi connessi alla produzione di energia. Se invece si individuassero delle unità di paesaggio e tra queste si scegliessero quelle che per le loro caratteristiche possono accogliere gli impianti eolici o fotovoltaici di grossa taglia, avremo stabilito una regola; che se partecipata, dibattuta e soprattutto se basata su presupposti scientifici di valutazione ci darebbe la possibilità di utilizzare il potenziale energetico di una certa area limitando gli effetti sul paesaggio.

Quando le regole sono confuse, o addirittura in assenza di regole, si crea in genere una radicalizzazione delle posizioni, che si legittimano reciprocamente. Nella mediazione fuori dai modelli scientifici passa la cattiva politica e la distruzione del territorio e dei suoi abitanti.

2.2 Il gioco del governo del territorio

Da qualche anno la pianificazione urbanistica territoriale è stata sostituita dalle strategie per il governo del territorio. I piani comprendono sempre più considerazioni economiche e sociali, che prima erano quasi estranee alle analisi poste a base della pianificazione urbanistica e territoriale.

Quando i "piani regolatori" o i "piani territoriali di coordinamento" erano chiamati ad assolvere ad una funzione specifica, legata quasi esclusivamente alla attività edilizia ed alle relative condizioni di vivibilità (realizzazione di infrastrutture primarie e secondarie), le regole semplici, in uso anche oggi, erano omologhe al compito "esecutivo" che a quei piani veniva affidato. Infatti le condizioni che determinavano lo sviluppo, quale obiettivo strategico, erano esterne ai piani e questi ultimi ne regolavano l'attività edilizia e infrastrutturale conseguente.

La ricostruzione postbellica, la industrializzazione del Paese, per quanto riguarda l'Italia, furono occasioni di crescita ed i diversi piani disegnavano scenari legati agli aspetti edilizi ed infrastrutturali. Per dirla sinteticamente potremo dire che costituivano alcuni dei "piani di settore" del più vasto disegno di sviluppo.

Quando lo sviluppo non è stato più legato a specifiche occasioni e/o ad eventi eccezionali il modello di pianificazione richiamato, con tutto il bagaglio di regole ad esso collegate, ha mostrato i suoi limiti.

Siamo usciti, per l'incremento delle articolazioni che caratterizzano il territorio, dal campo di applicazione dei modelli predittivi lineari e l'interpretazione delle dinamiche territoriali non può più avvenire se non con modelli complessi. Questa è la condizione che contrassegna il governo del territorio da alcuni anni. In mancanza di obiettivi di sviluppo strategici esterni alle dinamiche territoriali, i piani, redatti con norme ispirate a quelle regole semplicistiche, rischiano di diventare addirittura un freno allo sviluppo.

La nuova pianificazione, per essere efficace, deve saper interpretare le potenzialità specifiche del territorio e da queste trarne le occasioni di sviluppo. Si badi bene che lo sviluppo determinato dalle potenzialità del territorio è ovviamente meno insidiabile dalla concorrenza in un mercato globale. È necessario quindi saper leggere il territorio e saperne indicare gli obiettivi strategici, proprio perché le norme e quindi i modelli vigenti erano stati pensati per piani con una funzione diversa da quella odierna; la loro applicazione alla pianificazione attuale è spesso inefficace ed a volte incongruente e quindi dannosa. La ricerca di idonei modelli che possano interpretare la complessità dei territori in epoca postindustriale ed indicarne efficacemente gli obiettivi di sviluppo sociale ed economico - non trascurando la condivisione dei cittadini, che vedranno quel disegno non come una ulteriore limitazione della loro libertà, ma come una occasione di sviluppo e di giustizia sociale - non può che indirizzarsi verso modelli matematici che, interpretando la complessità dei sistemi territoriali, tengano in conto i comportamenti individuali. Introdurre nella pianificazione urbanistica e territoriale, che diventa sempre più idea di sviluppo, ciò che John Forbes Nash Jr. fece estendendo la teoria dei giochi alla economia e per questo ha meritato il Premio Nobel nel 1994.

La *Teoria dei giochi* è quella parte della matematica che analizza situazioni di conflitto e ne ricerca soluzioni competitive e cooperative tramite modelli, ovvero uno studio delle decisioni individuali in situazioni in cui vi sono interazioni tra i diversi soggetti. Le applicazioni e le interazioni della teoria sono molteplici: dal campo economico e finanziario a quello strategico-militare, dalla politica alla sociologia, dalla psicologia all'informatica, dalla biologia allo sport, analizzando le possibili scelte che gli individui hanno a disposizione per raggiungere determinati obiettivi. Sono proprio questi gli ambiti nei quali si dovrà muovere un moderno strumento urbanistico e territoriale che voglia essere efficace piano di sviluppo economico, di tutela ambientale e di giustizia ed opportunità sociale. L'applicazione di modelli matematici capaci di interpretare sistemi complessi impartirà ai piani flessibilità e dinamicità, senza per questo metterne in discussione l'equilibrio.

La nascita della moderna Teoria dei giochi può essere fatta coincidere con l'uscita del libro *Theory of Games and Economic Behavior* di John von Neumann e Oskar Morgenstern nel 1944 anche se altri autori (quali Ernst Zermelo, Armand Borel e von Neumann stesso) avevano scritto, *ante litteram*, di Teoria dei giochi. La strana coppia era formata, nell'ordine, da un matematico e da un economista.

Si può descrivere informalmente l'idea di questi due studiosi come il tentativo di descrivere matematicamente, di "matematizzare", il comportamento umano in quei casi in cui l'interazione fra uomini comporta la vincita, o meglio lo spartirsi, di qualche tipo di risorsa.

Il più famoso studioso ad essersi occupato successivamente della Teoria dei giochi, in particolare per quel che concerne i giochi con più giocatori ed a somma diversa da zero, è il matematico John Forbes Nash Jr., che studiò una particolare condizione che viene definita *Equilibrio di Nash*, nella quale ad ogni giocatore spetta una parte che è, per ogni singolo partecipante, il massimo di quanto era possibile ricavare dalla intera risorsa. Qualsiasi condizione diversa totalizzerebbe, almeno per uno dei partecipanti, un risultato inferiore.

L'Equilibrio di Nash è applicato correntemente in ambito economico, dove le regole di mercato sono stabilite ricercando la condizione che determina il massimo risultato per ogni singolo concorrente. Nell'ambito del governo del territorio esso può essere utilizzato in modo inverso, partendo dall'analisi delle potenzialità e delle aspettative di singoli giocatori - siano essi semplici cittadini o persone giuridiche o pubbliche amministrazioni - per individuare le regole che rendano massimo l'utilizzo del potenziale di risorse dell'ambito territoriale.

È fondamentale l'utilizzo di un set di indicatori che possano descrivere il territorio nei suoi parametri significativi e che consentano di individuare obiettivi percepibili. Tale ricerca necessita di competenze diverse: analisti matematici, economisti, ingegneri, architetti, geografi, geologi, sociologi, ecc. Dalla osservazione dei diversi andamenti di sviluppo in territori diversi, ma con condizioni simili dal punto di vista geografico, morfologico, economico e sociale, si potrà rilevare l'efficacia dei diversi obiettivi raggiunti e modellizzarne le dinamiche. Dalla verifica di replicabilità dei modelli rilevati scaturiranno le norme tecniche generalmente applicabili.

Un'ultima osservazione in ordine alla efficacia ed alla ricaduta di tale impostazione. L'organizzazione delle risorse specifiche è il vero patrimonio immediatamente spendibile dei singoli territori, i quali, se regolati da norme capaci di interpretare le loro effettive potenzialità, potranno aspirare a raggiungere quegli obiettivi di sviluppo a volte inspiegabilmente negati. Su tale disegno organizzativo si dovrà pianificare la ulteriore fase di sviluppo. Uno sviluppo che, riferendosi alle potenzialità specifiche di ogni singolo territorio, è meno assoggettabile alla concorrenza alla quale, in un mondo globale, non sfuggono la maggior parte dei beni e dei servizi.

2.3 La qualità degli edifici

I modelli urbanistici che solitamente vengono utilizzati per i processi di pianificazione creano una relazione fra peso insediativo e carico urbanistico. In dipendenza della tipologia insediativa, sia essa residenziale, turistica, industriale, ecc., all'azione che viene apportata al sistema territoriale dall'insediamento primario, sotto forma di peso insediativo, corrisponde la necessità di mitigarne gli effetti attraverso un complesso di opere infrastrutturali: l'insediamento secondario.

Provando a dare un significato più generale al carico urbanistico potremmo assumere che quest'ultimo è la quantità di interventi di mitigazione che la collettività, al fine di compensare gli effetti di un'azione insediativa, deve realizzare per la difesa del bene comune. Intendendo per bene comune tutto ciò che è garantito dalla Costituzione, oltre che dal diritto di cittadinanza.

La realizzazione di un manufatto interferisce con il bene comune perché utilizza risorse a disposizione di tutti come l'acqua, l'aria, lo spazio, il paesaggio, ecc. Per questi fattori, il livello di utilizzo del bene comune va oltre gli oneri monetizzabili a carico del titolare di un intervento di trasformazione, come, ad esempio, l'aspetto estetico del manufatto. Si pensi solo come può variare il valore economico di aree o di strutture residenziali, turistiche o commerciali, poste in prossimità di un intervento di trasformazione, in dipendenza della peculiarità estetica di quest'ultimo.

La relazione, quindi, fra il peso insediativo ed il carico urbanistico che esso induce è influenzata dalla qualità della trasformazione.

L'insediamento di una struttura che:

- tratta i rifiuti che produce all'interno dell'insediamento, conferendoli al sistema di raccolta pubblica, già pretrattati attraverso il compattamento dell'umido e la differenziazione del secco, con una frequenza minore di quella giornaliera;
- realizza un numero di posti auto non solo per i residenti, ma anche per i visitatori e che gli accessi o le immissioni non recano pertubazioni al sistema della mobilità cittadina;
- produce una parte dell'energia che consuma, favorendo la generazione diffusa dell'energia;
- utilizza le acque di pioggia per alcuni degli usi non potabili;
- ha un buon aspetto estetico;

pesa sul territorio meno di quanto non pesi una installazione di identica consistenza, ma di qualità inferiore.

Ciò riveste grande importanza nella pianificazione degli interventi di trasformazione territoriale ed urbanistica in quanto consente, a parità di carico urbanistico, di incrementare il peso insediativo, in rapporto alla qualità dell'intervento.

È questa lettura del modello interpretativo delle trasformazioni territoriali ed urbanistiche che evidenzia la sostenibilità economica degli interventi di recupero degli ambiti degradati, sostituendo l'esistente con interventi sostenibili sotto l'aspetto ambientale, sociale ed economico, senza far ricorso alle ormai inesistenti risorse finanziarie pubbliche.

Nel 2007 la Regione Campania iniziò un percorso che poneva alla base questo modello interpretativo delle trasformazioni territoriali ed urbanistiche. La "politica", pur avendo approvato gli atti necessari all'attivazione delle procedure, non ci ha creduto e quindi non ha messo in campo quelle azioni di legittimo coinvolgimento delle forze imprenditoriali e sociali. Gli imprenditori, specialmente le istituzioni imprenditoriali, non ci hanno creduto, forse perché influenzati dall'atteggiamento "distaccato" della classe politica regionale. Ci hanno creduto 400 soggetti, che non sono pochi, i quali hanno proposto il recupero di aree degradate, di vuoti urbani e di aree dimesse del territorio regionale. Delle richieste avanzate dai 400 soggetti, formati da amministrazioni comunali e titolari di immobili, solo pochissime sono, ancora oggi, in dirittura di arrivo. Perché quando la politica non "comprende", anche il nostro apparato burocratico si "raffredda", in dispregio alla separazione delle funzioni fra quella di indirizzo politico e quella gestionale.

Le procedure regionali avviate nel 2007 sono quelle che vanno sotto il nome di "manifestazioni di interesse", le quali prevedono che gli interventi, ancorché finanziati interamente dai privati, realizzino in percentuale alloggi di *housing sociale*: l'edilizia sociale realizzata con il capitale privato, che a sua volta è remunerato dalla premialità urbanistica, compensata dall'incremento della qualità della trasformazione e ad essa proporzionale; quindi dal diffuso degrado dell'area metropolitana di Napoli alla determinazione di occasioni di sviluppo economico e sociale. Tutto ciò prima del Piano Casa di Berlusconi e soprattutto meglio, in quanto le procedure regionali "pesano" la qualità delle trasformazioni e solo in ragione di essa individuano l'aumento del peso insediativo autorizzabile.

Il Piano Casa di Berlusconi e quello approvato dal Consiglio Regionale della Campania non si riferiscono ad alcun modello interpretativo del governo del territorio, parlano genericamente di aumenti di volume, senza accertarsi se gli aumenti previsti siano idonei per compensare il deficit di quell'ambito urbanistico o ad aggiungere degrado, confusione e diseguaglianze. A questo proposito, nel discutere di modifiche al Piano Casa approvato, invece di *"tirare numeri al lotto"* circa le consistenze da realizzare, che si approvi un modello di governo del territorio e, quindi, solo attraverso l'utilizzo di tale modello si determinino le consistenze.

Uno studio del 2008 della Regione ha determinato che in Campania 350.000 nuclei familiari vivono in condizioni di disagio abitativo. Il disagio non è il fabbisogno abitativo, ma è solo la registrazione che 350.000 nuclei familiari sono assoggetati a condizioni abitative non rispondenti al proprio fabbisogno, in quanto le locazioni o il costo in generale è troppo caro rispetto al reddito familiare, oppure la consistenza è ridotta rispetto alle esigenze del nucleo familiare, ovvero la localizzazione aggrava gli spostamenti casa - lavoro, ecc.

L'applicazione del modello di miglioramento qualitativo degli interventi di trasformazione territoriale ed urbanistica vuole proprio rispondere a tale fabbisogno. Vuole pianificare una edificazione finalmente destinata al soddisfacimento delle esigenze di coloro che il fabbisogno lo hanno determinato e, quindi, sfuggire al semplicistico e generico rapporto fra il numero di vani ed il numero di abitanti, senza mai chiedersi se quelli per i quali i vani sono stati realizzati hanno le disponibilità, anche economiche, per accedervi. Altrimenti continueremo ad immettere sul territorio vani non destinati effettivamente a chi ne ha bisogno, ma che spesso andranno ad incrementere quei patrimoni immobiliari che immetteranno gli stessi vani nel mercato delle locazioni, con prezzi che richiederanno l'impegno del 50-60% dei redditi da lavoro dipendente, determinando di fatto insoddisfazione da parte del lavoratore, il quale prenderà coscienza che la sua retribuzione - tra il costo delle locazioni, il costo dell'energia e degli altri bisogni familiari elementari - non è altro che una partita di giro attraverso la quale si incrementano altri patrimoni, senza poter usufruire di un solo euro per migliorare la propria condizione di vita.

Ed è così che l'area metropolitana di Napoli ha la più alta percentuale in Italia di nuclei familiari in locazione, oltre il 40%.

L'applicazione di tale modello, anche solo per una consistenza nell'ordine del 10-15% di quella individuata dall'indagine regionale sul disagio abitativo, oltre a riqualificare parte del territorio determinerebbe una riduzione del valore degli alloggi e quindi un impulso alla vendita, da parte di coloro che detengono, con inaccettabili rendite di posizione, porzioni consistenti del patrimonio immobiliare; creando di fatto una disponibilità di capitale contante da investire in settori produttivi, più utili alla collettività.

2.4 Ipotesi di sviluppo

I sistemi territoriali, con le loro componenti ambientali sociali ed economiche, più che funzionare con regole che attengono al comportamento dei singoli, funzionano seguendo modelli interpretabili, *mutatis mutandis*, con algoritmi propri dei sistemi termodinamici.

Lo stesso John Forbes Nash, nel trasporre in ambito economico, la condizione di equilibrio della Teoria dei giochi – che tratta delle situazioni di stabilità, quando tutti gli attori restano convinti della bontà della loro scelta, anche se vengono a conoscenza delle mosse della concorrenza, in fondo, valutando parametri oggettivi o ritenuti tali – si riporta ad una particolare condizione di equilibrio della più generale equazione dell'energia applicata ai sistemi socio-economici. La stessa equazione che regola le leggi dei gas o l'evolvere di un liquido in una tubazione.

Questa visione ci consente di interpretare l'evoluzione dei sistemi economici, in condizione di grandi disparità, con le stesse modalità con le quali un esperto di questioni energetiche interpreterebbe una condizione nella quale nello stesso sistema vi sono due punti: uno molto caldo e l'altro molto freddo. È il caso del nostro sistema Italia, ma è anche il caso, più in generale, del rapporto tra quelle aree che vengono individuate come il Nord ed il Sud del mondo. Quelle condizioni, che viste con l'occhio del termodinamico, sarebbero un "paradiso", per l'effetto conforme proprio delle due sorgenti, che assicurerebbe un sicuro flusso di energia, vengono spacciate per condizioni sfavorevoli. Come il calore per fluire ha bisogno di una sorgente più fredda, così, chi produce ha bisogno di chi consuma. Detto ciò sembra evidente che il Paese delle grandi disparità, o se preferite il mondo, se non riesce ad usare le aree più depresse come punti di forza dello sviluppo è perché vi sono comportamenti ed attività, che possiamo definire innaturali, che bloccano il corretto funzionamento del normale "fluire" di un sistema socio-economico. Vi sono dei setti, degli schermi, delle strozzature che bloccano il corretto "scaturire" delle diverse risorse.

Analizziamo il sistema Napoli: nella stessa città convivono le condizioni socio-economiche più diverse, vi sono punti estremamente "caldi" e punti enormemente "freddi", per rifarci al nostro sistema termodinamico, ma non si riesce a sfruttare la positiva contrapposizione. Al contrario la città diventa sempre più centripeta, fuggendo dalle invivibili periferie, con il risultato che le periferie diventano sempre più "fredde" ed abbandonate ed i quartieri centrali scoppiano per il mancato fluire del loro "calore" che, non alimentato, implode ed il tutto si raffredda.

Alcuni parametri del sistema ambientale cittadino ci aiutano ad inquadrare le condizioni del nostro sistema territoriale, inteso come sistema ambientale, economico e sociale.

Nella città di Napoli il 44% dei nuclei familiari hanno in locazione la casa che abitano, come ho avuto modo di dire in altre parti del libro, locazioni che nelle zone periferiche si aggirano intorno al 60% del reddito dei nuclei familiari medi, in quelle zone della città. Ciò significa che sommando al costo della locazione il costo mensile delle utenze, del carburante per l'automobile ed in generale dei trasporti, per sopperire, con l'indispensabile, alla mancanza di servizi sociali, specialmente per i più piccoli e per gli anziani, non un euro rimarrà disponibile per il lavoratore medio che vive quelle aree della città. Ma con quale spirito lo stesso lavoratore andrà a lavorare, prendendo atto che la sua vita è una "partita di giro"? Lavorare per consegnare il ricavato delle sue fatiche ad altri... e così per tutta la vita.

Altro parametro identificativo delle periferie del sistema metropolitano della città di Napoli è il grande degrado edilizio. Un patrimonio ormai fatiscente, come si è detto e scritto più volte. Un altro aspetto della stessa questione edilizia è il valore enorme degli immobili, che oltre a determinare quegli elevati costi di locazione dei quali abbiamo parlato, bloccano ogni possibilità di investimenti in altri settori economici. Se il "mattone" rende investiamo nel mattone. Nulla in contrario sempre che rispettiamo il corretto funzionamento del sistema economico, dove chi investe è sacrosanto che abbia il proprio utile. Cosa diversa, però, è la rendita determinata da vantaggi che nulla hanno a che fare con il corretto sviluppo economico, ma sono determinate dalla posizione ed in generale dalla carenza di "prodotto fruibile", inteso come un prodotto di buona qualità, in questo caso edilizia, ubicato in un'area vivibile sotto il profilo ambientale e sociale.

Per la visione termodinamica dello sviluppo resta incomprensibile nell'epoca dei trasporti facili, della comunicazione, in una parola della globalizzazione, registrare che da una parte c'è chi muore di malaria e chi non sa a chi vendere i prodotti della sua produzione industriale, chi vive nelle case fatte di sterco e fango e chi abita immobili dall'incomprensibile valore economico. L'unica cosa che possa spiegare queste incongruenze economiche e sociali è la paura, da parte di chi detiene le leve dello sviluppo, di innescare processi non controllabili dal punto di vista dell'utile personale o di parte.

Tutti comprendono che far diventare consumatori i popoli dei cosiddetti Stati in via di sviluppo significherebbe allargare i mercati favorendo la produzione industriale, ma il timore di non controllare i processi frena lo sviluppo, ed è qui che si manifesta l'assenza del ruolo regolatore delle organizzazioni internazionali, che regolando l'economia dovrebbero indicare gli obiettivi strategici e quindi abbattere quelle barriere innaturali che ostacolano il fluire del benessere.

Il governo del territorio e le sue ipotesi di sviluppo non possono prescindere, in un mondo globalizzato, dalla conoscenza delle dinamiche complessive. Sarebbe come guidare una bellissima automobile, della quale si conosce tutto, ma a fari spenti.

Il significato del danaro gioca un ruolo importante nella individuazione delle strategie di sviluppo. Se tutta la strategia tesa al benessere della collettività si fonda solo su un unico parametro, che è la moneta, si rischia di creare una condizione che diviene troppo dipendente dall'economia di tutti coloro che usano quella moneta o con essa hanno rapporti. Se una famiglia italiana, per vivere, ha bisogno di almeno 1.000 euro al mese ed invece in Polonia una famiglia simile può vivere con un terzo dello stesso appannaggio, non vi sono possibilità di fermare il flusso di aziende che si trasferiranno in quel Paese per avere dei costi di produzione più bassi, accedendo allo stesso mercato per la vendita dei prodotti. Cosa diversa è se in una società del "vero benessere" si utilizzano i beni come remunerazione delle prestazioni. Non parlo del baratto, ma della concessione ai lavoratori di tutti i *benefit* possibili, necessari a soddisfare parte del proprio fabbisogno.

Il lavoro è finalizzato al benessere e non al denaro. La società dei beni e non del denaro. Non è solo una visione morale, ma è una formula strategica, in quanto l'unico modo per contrastare il diverso costo del denaro, spesso frutto di alchimie finanziarie, è quello di riempire la retribuzione di benefit: la casa, la sanità, la scuola, i gruppi di acquisto, il costo delle comunicazioni, dei trasporti, ecc.

Ciò rende il costo del lavoro meno esposto al diverso costo della vita, che è rapportato al danaro. Se la retribuzione delle prestazioni è formata principalmente da beni e servizi - quali risorse più vicine all'economia reale, alle caratteristiche ambientali ed alle esigenze sociali del territorio e non solo da denaro - la stessa retribuzione è meno condizionata dalle fluttuazioni finanziarie e dalle sue diseguaglianze e perversioni.

3
La politica e la società

Arturo Rigillo, urbanista, docente alla Facoltà di Architettura dell'Università degli Studi di Napoli "Federico II", l'ho conosciuto troppo tardi. Io dirigevo il Settore Urbanistica della Regione Campania ed egli, alle soglie della pensione, stava per lasciare l'Università. Maestro di urbanistica, ho avuto modo di incontrarlo alcune volte, anche grazie all'amicizia che mi lega al fratello Mariano, uno dei pochi grandi attori nel panorama teatrale italiano. L'ho frequentato poco, purtroppo, ma da grande Maestro ha avuto il tempo di elargirmi una Sua riflessione. Con i suoi modi sempre molto garbati mi chiese se avessi mai notato che le grandi trasformazioni urbanistiche non portano mai il nome di architetti o di ingegneri, ma sempre il nome di politici. Una per tutte, la grande trasformazione di Parigi, il piano di Hausmann (George Eugène), un politico, prefetto del Dipartimento della Senna, che dal 1852 al 1869 rinnovò la città, predisponendo ed attuando un vasto piano di ristrutturazione.

È da questa considerazione che voglio partire per descrivere la disperata necessità di una buona politica per fermare la frana italiana.

3.1 Il ceto politico

Voglio parlare di politica, perché la politica è importante specialmente in un sistema debole come quello italiano, dove la struttura burocratico-istituzionale, quella imprenditoriale e quella sindacale, per mancanza di autorevolezza, non riescono ad essere i contrappesi della classe politica, come dovrebbe essere in ogni efficace sistema di governo.

La nostra attuale classe politica si è distaccata dalla felice sintesi, che dovrebbe essere presente in ogni uomo che si propone di rappresentare i suoi concittadini, formata da due elementi: la competenza e la capacità di acquisire il consenso. In un contesto dove i bisogni dei cittadini sono aumentati, al Sud per le ataviche condizioni socio-economiche ed al Nord per l'impazzare della crisi economica internazionale, paradossalmente i consensi si spostano verso coloro che hanno poche competenze. Infatti, solo chi ha poche competenze può offrirsi in modo più versatile di altri, essendo libero dall'etica che il bagaglio di conoscenza impone.

La brutta prova che ha dato la politica italiana, agli inizi degli anni '90, con i fatti che possono essere racchiusi sotto il nome di "Tangentopoli", dove si è scoperto che il migliore, come dicono da qualche parte d'Italia, "aveva la rogna", ha contribuito a far ritenere che in fondo votare chi proponeva la propria candidatura facendo leva sulla propria autorevolezza non era servito ad evitare imbrogli e ruberie.

È lì che si è rotto il rapporto di fiducia, già in crisi latente. Scoprire che dietro alla apparente autorevolezza dei nostri rappresentanti vi fossero *mariuoli* di ogni tipo può in alcuni giustificare il degrado della classe politica dei nostri giorni.

Mentre scrivo impazza la lotta all'interno del centrodestra. Siamo nei giorni in cui il presidente della Camera dei deputati, Gianfranco Fini, abbandona il Partito della libertà e con un "drappello", avrebbe detto qualche anno fa, di Deputati e Senatori forma un nuovo gruppo politico: "Futuro e Libertà per l'Italia". Sorvolando sulla banalità del nome scelto per la nuova componente politica, che non comprendendo nessun aggettivo abbinato ai due sostantivi, che costituiscono il nome, mi fa temere non tanto per il futuro - *panta rei os potamòs*, che per fortuna non dipende dalla politica ma dall'inarrestabile scorrere del tempo - bensì per la *libertà*. Fini è tra quelli, come molti *leader* politici italiani, che hanno votato una legge elettorale che con la libertà non "*c'azzecca*", direbbe un altro campione della politica italiana. Tutti quelli che non l'hanno votata l'hanno abbondantemente utilizzata: una legge elettorale dove non si eleggono i deputati, ma questi vengono designati dai capi dei partiti. I capi dei partiti, che a loro volta sono il frutto di quella antidemocratica democrazia che regna in ogni partito e che passa attraverso tesseramenti truccati.

Purtroppo non è mai stato approvato, a seguito del ruolo di mediatori della democrazia che la Costituzione assegna ai partiti, nessuna legge che governi la democrazia interna di ogni singola organizzazione politica. Solo se i partiti fossero obbligati ad adottare metodi di selezione profondamente democratici avremmo potuto applicare l'attuale sistema elettorale. In tal caso la posizione del candidato designato sarebbe derivata da una scelta interna di tutti gli iscritti e non dai più vari interessi del vertice politico, che decide (se dicessi in modo feudale sarebbe nobilitarne il metodo) in modo discrezionale se un signore o "una signorina", debba o no rappresentarci in Parlamento. Questa libertà mi ricorda quella cantata dal compianto Giorgio Gaber:

«La libertà non è star sopra un albero
non è neanche il volo di un moscone
la libertà non è uno spazio libero
libertà è partecipazione».

Nel ritornello però citava le nostre libertà esercitabili, da quella di attraversar viali, usufruendo delle strisce pedonali, a quella di *"p...sciare"*, ovviamente sulle nevi annali.

Il berlusconismo, attraverso la gara che tutti i partiti negli anni '80 hanno fatto per liberarsi da ogni legaccio ideologico, è arrivato nella società italiana prima di Berlusconi. Esso ha invaso ogni ganglio della politica e della nostra società. Ha consolidato la deformazione del concetto di rappresentanza politica, che era iniziata con Bettino Craxi, attraverso la reintroduzione dell'uomo della Provvidenza.

La nostra società non è più alla ricerca di un'idea di sviluppo socio-economico, coniugata con l'eguaglianza sociale e la tutela ambientale. Noi ricerchiamo un uomo che sia popolare, al di là delle sue competenze.

Un uomo e non un'idea lo cercano anche gli eredi "udite-udite" della sinistra politica italiana. Gli eredi dell'Illuminismo congelano il cervello e sono pronti ad accettare chiunque si dichiari antiberlusconiano. Organizzano ammucchiate pazzesche, dando la colpa al nostro sistema elettorale bipolare, per poi disfarle, per concludere che la sinistra è morta e che può esistere solo il centro-sinistra, che dovrà mettere insieme la parte meno "comunista" della sinistra con i cattolici. La sinistra italiana ha una grande colpa, avendo spesso privilegiato la tattica alla strategia, nella giustificazione della presa del potere.

L'attività politica, se non ha un ben chiaro obiettivo strategico, facilmente scivola nell'essere strumentale. Eppure la crisi sistemica mondiale che viviamo in questi anni non è altro ciò che Marx aveva previsto, 150 anni or sono, ne *Il Capitale*, a proposito del crollo dei sistemi finanziari. Ma guai a parlare di Marx o di altri e soprattutto è meglio non riferirsi a nessuno.Avremo così le mani più libere e, come in una banale azione di *marketing,* potremo sperare di ampliare il nostro "bacino di utenza" o la nostra fetta di mercato. Agli indirizzi strategici ben strutturati preferiamo sostituire la confusione e la semplificazione "ma anche", dimenticavo, come vuole il pensiero veltroniano, ordine e complicazione.

Nell'anno 2009, nel mese di marzo, mi trovai il Presidente Berlusconi di fronte. Lui, Presidente del Consiglio dei Ministri del Governo in carica. Io, componente della delegazione della Regione Campania, che accompagnava il Presidente Bassolino al tavolo della Conferenza unificata Stato-Regioni per l'esame del Piano Casa. Clima assembleare ma molto formale. All'arrivo del Presidente del Consiglio tutti in piedi. Le istituzioni vanno rispettate. La prima cosa che mi ha colpito, osservandolo dall'altra parte del tavolo, è stato il suo colorito. Un incarnato roseo da vecchia bambola di cartapesta. Il colorito, forse, era l'effetto di un abbondante e malcelato uso di cerone. Come quello che usano gli attori in teatro. Peccato, il "tutti in piedi" all'arrivo del Presidente mal si univa con il consistente trucco, rendendo la scena surreale e forse anche grottesca. Sono convinto che gli uomini e le donne che si rifugiano in soluzioni più o meno fittizie per mascherare i segni del tempo - da questo escludo ogni necessità funzionale o gravemente antiestetica - utilizzando espedienti che in fondo sanno che non passeranno inosservati, trascinano questa loro condizione fittizia fin nel giudizio elettorale; ricercando non previsioni concrete, ma miracoli e donne o uomini inviati dalla provvidenza.

Un'altra questione mi fece riflettere molto sul Presidente Berlusconi. Dopo un lungo dibattito sulla bozza di Decreto-Legge in materia di Piano Casa, presentata dal Governo alle Regioni, e vista la posizione contraria di quasi tutte le Regioni e le palesi imprecisioni contenute nella bozza proposta, il Presidente con una esclamazione disse che quella proposta di Decreto non lo riconosceva più neanche lui e che proponeva alle Regioni di scriverlo insieme. Questo che può sembrare un gesto di apertura contiene in realtà il senso della politica berlusconiana: l'approssimazione.

Il Presidente del Consiglio non si può presentare davanti al consesso delle Regioni, allora in maggior parte di centro-sinistra, armate dal sacro fuoco della guerra al cementificatore, amico dei palazzinari, con una bozza di decreto che nel volgere di un, neanche serrato, confronto decide speditamente di accantonare. Questo è il segno della approssimazione della sua attività politica ed è anche il segno di quanto gli uomini che lo circondano non esprimano il meglio della conoscenza.

L'attività dei governi Berlusconi è costellata di provvedimento che sono partiti in un modo ed arrivati in un altro. Questo non è il segno dell'apertura politica, come erroneamente si potrebbe pensare, ma è il segno della superficialità di Berlusconi e dello scarso valore degli uomini ai quali dà incarico di attuare le azioni politiche.

Quando Berlusconi "scese in campo" avrebbe potuto avere il meglio sul mercato italiano ed internazionale della conoscenza. Il meglio della ricerca, delle professioni, dell'imprenditoria. Mi consta personalmente che molti aspettavano "la chiamata", delusi come erano dall'unico ceto politico sopravvissuto a tangentopoli, quello di sinistra. La sinistra italiana con la rinuncia agli obiettivi strategici, alle ideologie, ha creato l'*humus* per l'avvento di Berlusconi. Dismesso il rigore degli indirizzi strategici si propone l'approssimazione ed il qualunquismo, allora è bene dare il consenso al più approssimato e qualunquista dei candidati. Non sono in possesso di elementi per dare alla discesa in politica di Berlusconi il significato di una tattica per salvare le sue aziende, come molti dicono, o per tramare a favore della mafia o di altro. Ho come elementi solo i fatti che ho osservato in questi anni, su questi fondo le mie considerazioni. In quegli anni Berlusconi avrebbe avuto lo stesso risultato elettorale anche se avesse candidato solo illustri sconosciuti, come in qualche caso ha fatto. Ricordo gli eletti della sua prima competizione elettorale, alcuni di loro stentavano a crederlo.

L'Italia, oggi, sarebbe diversa se in quegli anni Berlusconi avesse avuto accanto uomini che, invece di obbedirgli ciecamente gli avessero fatto intendere, con competente determinazione, che la democrazia non è solo il consenso, ma è soprattutto il rispetto delle regole che governano la *Res Publica*; che nel rispetto delle regole sono compresi i metodi per l'acquisizione dello stesso consenso e non il contrario; che la magistratura, quale più alto custode del rispetto delle regole, non poteva - e non doveva - essere attaccata da un'altra istituzione costituzionale; che gli arbitri poco arbitri - che pur c'erano e ci sono - andavano "colpiti" migliorando il sistema esistente, senza tentare stravolgimenti che venivano percepiti - e vengono percepiti, ed io penso che lo siano - come accomodamenti finalizzati a fronteggiare le proprie questioni personali.

3.2 La comunicazione

L'orientamento elettorale è condizionato dallo stile di vita che ogni cittadino individua come proprio obiettivo. Nella società della comunicazione, i traguardi, che i singoli componenti della società si pongono, si distaccano dalle esigenze concrete di ognuno e sono sempre più orientati dalla comunicazione. Tra gli individui che formano una comunità, ogni azione ha come obiettivo una migliore condizione futura descritta dal binomio: potere e sesso. Potere anche nel senso di possedere o di avere delle opportunità e quindi anche la condizione trascendente, per i credenti, del premio eterno. Seguendo nello scrivere i pensieri che affollano la mia testa alla voce "premio eterno" mi viene di raccontarvi un aneddoto. Con l'analisi continuiamo dopo.

Alcuni anni or sono, dirigevo il Servizio progetti del Comune di Napoli ed in funzione del mio incarico partecipai ad un sopralluogo per alcune opere di consolidamento da realizzare nella Chiesa di Santa Chiara. Il bellissimo complesso monumentale di Santa Chiara, che comprende chiesa, monastero e convento, innalzato dal 1310 al 1328, per volere del monarca Roberto D'Angiò e di sua moglie Sancia di Maiorca, tra piazza del Gesù e via Santa Chiara. Alla riunione partecipavano oltre a me ed al Soprintendente ai Beni Architettonici della Provincia di Napoli anche due dei frati, appartenenti all'Ordine dei frati minori francescani, che esercitano il loro ministero tra le mura della basilica. Come spesso succede proprio fra gli interessati, in quel caso i frati, vi erano idee diverse sugli interventi da realizzare. Io ed il Soprintendente ci limitavamo a fornire il nostro contributo tecnico alle due soluzioni che venivano proposte con cristiana determinazione e fervore, essendo le stesse più di tipo funzionale, senza alcuna incidenza sotto l'aspetto storico ed architettonico. Le due posizione erano rappresentate da un padre anziano, conoscitore della basilica, mentre l'altra era sostenuta da uno giovane, che tratteggiava efficacemente la sua diversa posizione.

Il sopralluogo non portò ad alcuna decisione, vista

la posizione contrapposta delle due mozioni e dopo poco decidemmo di concordare un successivo incontro.

Come spesso succede in questi casi, alla fine della riunione, qualcuno va via subito ed altri si trattengono, discutendo di argomenti vari ed a tratti accennando all'argomento del sopralluogo, prima dei saluti finali. Fu proprio allora che il giovane padre, che partecipava a questa coda informale della riunione, nel voler aggiungere concretezza e per ricordarci che le opere si realizzano per il futuro e non solo per il presente, in assenza del suo anziano competitore, con cristiano realismo osservò: «Il padre anziano, prima o poi anche lui avrà il premio eterno!».

Riprendendo l'analisi in merito al binomio potere e sesso: il consenso elettorale viene, quindi, accordato a chi in qualche modo prospetta, che per suo tramite, potrà garantire all'elettore una condizione futura dove il potenziale dello stesso elettore, costituito, appunto, da potere e sesso, aumenti.

Tutto sarebbe molto semplice se i dati di partenza e di arrivo fossero chiari e se l'elettore potesse effettivamente valutare le capacità del candidato di adoperarsi circa il raggiungimento del suo obiettivo. Se in questo processo "deterministico" si analizzano le due variabili consistenti nella inabilità dell'elettore di valutare le effettive potenzialità del candidato e la possibilità che il candidato "bari" - attraverso rassicuranti rassicurazioni, che vanno dal "*ghe pense mi*" al "*nun te preoccupà: a esposizione*", per dire sarò a tua disposizione ogni volta che ne avrai bisogno - il sistema diventa complesso. Il risultato elettorale si discosta dalla stessa legittima aspettativa dell'elettore. È qui che la comunicazione ha da sempre giocato un ruolo fondamentale. Lo ha giocato nel dettare all'elettore le proprie esigenze e le proprie priorità. Ricordate *Don*

Raffaè di De Andrè. In uno dei versi più significativi del brano, l'autore fa dire a Pasquale Cafiero, brigadiere nel carcere di Poggioreale, che, quando sul finire della faticosa giornata da carceriere va a fare visita allo "stimato" detenuto, Don Raffaè, camorrista napoletano ospite del braccio speciale, ma per lui "uomo geniale", non solo gli elargisce consigli ma addirittura gli spiega cosa egli pensi: "*Mi consiglio con don Raffaè mi spiega che penso e bevimm'ò cafè*".

La comunicazione ci spiega cosa pensiamo perché, fra l'altro, si occupa di presentarci i candidati e le loro capacità, la loro idoneità, evidenziandone magari la unicità, alla risoluzione dei problemi ed al raggiungimento dei nostri "ambiziosi" obiettivi.

Prima della diffusione capillare della televisione, la comunicazione passava, innanzi tutto, attraverso l'autonoma constatazione della propria condizione economica e sociale. Non che in quelle condizioni semplici non ci fosse la possibilità di trarre conclusioni errate, ma il processo era certamente di più difficile mistificazione, almeno per quanto riguarda il processo di analisi della propria condizione economica e sociale. Diversa questione è il convincimento indotto, che veniva attraverso gli uffici dei maggiorenti locali. Infatti i sistemi di governo autoritari e comunque non democratici non tanto si occupavano di negare la condizione di bisogno del cittadino-suddito, ma esaltavano la possibilità, attraverso il Duce, il Caudillo, il Conducador, di uscire da quella posizione miserevole. Anzi più risultava pessima quella condizione più trovava buon gioco alimentare la speranza.

La diffusione popolare dei mezzi di comunicazione, in quelle parti del mondo dove esiste, è una delle più grandi conquiste del genere umano. Bisogna comprenderne limiti e potenzialità. Se il cittadino-elettore prima di "accettare" il messaggio analizzasse i limiti del mezzo dal quale riceve l'informazione, dal possibile condizionamento dell'editore, alle caratteristiche tecniche del mezzo, egli stesso sarebbe meno in balia del bombardamento mediatico.

Analizziamo uno dei limiti tecnici della informazione televisiva. Il messaggio deve essere semplice e di breve durata. Nessuna contestazione a questo tipo di impostazione tecnica, ma è bene che lo spettatore-cittadino-elettore comprenda che quel mezzo non è adatto, ad esempio, a Carlo Rubbia, Premio Nobel per la Fisica, grande scienziato, ma che per caratteristiche personali e culturali oltre che per la difficoltà degli argomenti trattati, avrebbe bisogno di un mezzo diverso, più idoneo ad un soggetto serio e non istrionico. Il mezzo è più adatto ai tanti, che per carattere, meno riflessivi, sono pronti a lanciare un messaggio sintetico, che avrà una grande presa immediata ma che ad una analisi più approfondita risulterà, magari, fallace. I Bossi o i Di Pietro, per rivolgersi alla loro platea elettorale, usano del mezzo televisivo la più efficace modalità, che è la comunicazione del messaggio per immagini: dall'esplicito dito medio alzato del primo, al frenetico dondolio del capo, accompagnato, in concordanza di fase, dal movimento degli arti superiori, che si congiungono all'altezza dello sterno, tenendo gli apici delle dita ben serrati e dondolanti, del secondo. La conoscenza dei limiti e dei pregi di ogni mezzo di comunicazione aiuterà l'elettore a considerare in modo adeguato il messaggio del quale è bersaglio.

La grande delusione generata da Tangentopoli ha lasciato nello sconforto quelli che credevano che l'autorevolezza della posizione politica, istituzionale, sociale, culturale, potesse escludere comportamenti volgari come l'approfittare di risorse pubbliche o collettive. Ovviamente non tutti. Alcuni ben conoscevano che nel sistema che ha portato a Tangentopoli si rubava e si imbrogliava. Questi ultimi hanno trovato una utilitaristica collocazione in buona parte dei partiti rappresentati in Parlamento. Sono i delusi che sono diventati il terreno di conquista della comunicazione. Sono questi che devono avere la capacità di analizzare la loro condizione e scegliere in ragione delle capacità effettive dei candidati.

3.3 La magistratura

Gli abusi da parte di alcuni magistrati, che a volte avvengono per scarsa competenza a volte per prese di posizione concettuali, vi sono e vanno combattuti, ma che "*c'azzecca*", è il caso di dirlo, la separazione delle carriere?

Il problema è diverso: un uomo solo, come avviene nella fase istruttoria, non può avere tanto potere, come quello di inibire la libertà, e tanta poca competenza. Il nostro è un sistema arcaico, che andava bene quando i reati avevano contenuti tecnici, ed in generale di conoscenza del quadro nel quale essi si svolgevano, più semplici. La conoscenza specifica da parte del magistrato diventa indispensabile per la decisione, né valgono i consulenti tecnici, che essendo in posizione subordinata al magistrato, alcune volte risentono del convincimento iniziale dello stesso magistrato. La riforma della Magistratura, perché essa conservi la sua autorevolezza, deve passare per un riequilibrio fra conoscenza e potere coercitivo. Poca conoscenza specifica e molto potere coercitivo, specialmente se affidato ad un solo uomo, aumentano la possibilità di errori e ritardi, che sono i veri nemici di questa importante Istituzione costituzionale.

Per molti anni ho avuto l'occasione di essere consulente tecnico di alcuni magistrati presso le Procure della Repubblica di Napoli, con Rosario Cantelmo e Nicola Quatrano, il *pool* mani pulite napoletano; presso la Procura della Repubblica del Tribunale di Latina, quando fu aperto un procedimento nei confronti di una nave inglese che si riteneva responsabile dello spiaggiamento di rifiuti, che nel mese di giugno 2002, interessò per alcuni giorni l'intero litorale domitio. Alla fine risultò che la nave passeggera aveva regolarmente scaricato i suoi rifiuti nel porto di Napoli, dal quale era partita prima di far rotta verso il paraggio pontino e che comunque non avrebbe potuto stivare tutti i rifiuti solidi urbani che per molti giorni erano stati spiaggiati sul litorale. La verità non si è mai saputa. Forse una carretta del mare affondata fra l'arcipelago pontino e la costa.

Per una indagine il cui titolare era Rosario Cantelmo realizzai una consulenza tecnica attraverso la quale, nel Comune di Casalnuovo, vennero sequestrati immobili per un valore di circa 100 miliardi di vecchie lire. Il provvedimento ha resistito anche in Cassazione. Ricordo che per quella consulenza ebbi i complimenti anche di un avvocato che patrocinava una delle parti interessate. Il condono del 1985 annullò gli effetti di quella azione ed ovviamente non è un caso che dopo oltre vent'anni, come il lettore ha avuto modo di leggere nei capitoli precedenti, fu scoperta una intera città abusiva, sempre nel Comune di Casalnuovo.

Con Rosario Cantelmo era uditore Luigi De Magistris, Il titolare, dopo alcuni anni, dell'inchiesta "Why not" presso la Procura della Repubblica di Catanzaro nonché attuale eurodeputato dell'Italia dei Valori. Poco dopo il suo insediamento alla Procura di Catanzaro, mi chiese di assumere l'incarico di consulente tecnico in una indagine che egli stava svolgendo, relativa ai lavori di realizzazione del nuovo Palazzo di giustizia di Catanzaro. Mi recai a Catanzaro per formalizzare l'incarico, acquisire la documentazione ed effettuare dei sopralluoghi. Tornai a Catanzaro dopo aver studiato la documentazione acquisita. Con Luigi si stabilì un rapporto cordiale, ma il clima della Procura non mi piacque. Avevo notato una forte diffidenza tra i magistrati e questo mi induceva un disagio ideale, non pratico, evidentemente, perché il mio unico interlocutore era De Magistris. Ma quell'ambiente fatto di diffidenze fra magistrati, così come l'avevo percepito, scuoteva il mio senso dello Stato e mi dava l'idea di una funzione pubblica più che affidata ad una Istituzione, affidata a più singoli. Pur comprendendo la necessità di isolare eventuali elementi "infedeli" all'interno della pubblica amministrazione, ho sempre pensato che la giustizia non possa essere affidata al singolo o ad alcuni, ma deve essere la struttura istituzionale a possedere anticorpi e procedure oggettive e formali per liberarsi di coloro che tradiscono il giuramento prestato.

In un sistema politico senza alcun obiettivo strategico, come il nostro, è sufficiente diventare popolare per essere candidato e quindi, visto il sistema elettorale, eletto. E venne la volta di De Magistris, dal quale, come per Di Pietro, non ho mai sentito, ma sarò forse io sordo, una proposta strategica, organicamente proposta, di quelle che riguardano il lavoro, la casa, la sanità ed in generale i bisogni della collettività. De Magistris è stato candidato ed ovviamente eletto, perché è un paladino della legalità. Molto meritevole, ma il rispetto delle leggi è solo un presupposto per il buon funzionamento di qualsiasi sistema sociale e politico. Non ho mai condiviso coloro che parlando del ceto politico abbiano considerato la possibilità di accettare governanti ladri, purchè bravi; ma ritengo molto limitativo accettare governanti onesti ma senza una strategia che abbia come obiettivi principali, sostanziati da proposte e azioni concrete, lo sviluppo economico, l'uguaglianza sociale, la tutela della salute e la difesa del territorio e dell'ambiente.

Il mix fra esposizione mediatica, scarsa competenza specifica, ed elevato potere coercitivo è il terreno sul quale la magistratura dovrà confrontarsi nei prossimi anni, quando Berlusconi uscirà dalla scena politica ed alla collettività, senza alcun parafulmine mediatico, bisognerà dare conto dell'efficienza dell'Istituzione.

Alla Magistratura è affidata non solo la repressione dei reati, ma un fattore importante dello sviluppo: *la certezza del diritto*. Mai nessun imprenditore serio deciderà di investire in uno Stato dove il diritto è soggettivo e per i tempi talmente lunghi, necessari per avere giustizia, il risultato non appartiene più al *cash flow* del processo produttivo ma diventa esclusivamente un "*contenzioso incagliato*".

Vorrei azzardare una domanda: e se il limite della Giustizia italiana fosse l'essere poco tecnica e molto interpretante e legiferante? È per questo che si agevolano i contenziosi ed i ricorsi ai gradi superiori, alimentati dalla speranza di una interpretazione favorevole?

3.4 Gli ambientalisti scomparsi

Quando gli storici, fra qualche decennio, esamineranno gli eventi degli ultimi anni non potranno che registrare un calo netto e generalizzato della qualità dell'ambiente nel nostro Paese, rispetto al miglioramento che partendo dagli anni '70 si era progressivamente registrato. Dall'inquinamento delle acque dei laghi nel Nord dell'Italia, alle vicende dell'Isola di Capri, al mal funzionamento dei depuratori in Calabria. Allora cercheranno le cause e tra queste non potranno non notare un fatto certamente di rilevanza storica: negli ultimi anni è scomparso il movimento ambientalista dal Parlamento italiano. Qualcuno, anche giustamente, solleverà l'eccezione che nel Parlamento italiano ancora esistono singoli deputati provenienti dall'area ambientalista. È vero, ma non è la stessa cosa!

Il fatto, nella sua sintesi storica ma anche nella concretezza dell'attualità, è che nel Parlamento italiano non esiste una forza politica che sostiene le ragioni dell'ambiente. Discorso diverso è se quella forza politica, non più presente, era adeguata a sostenere efficacemente le ragioni della tutela ambientale o se proprio la sua inadeguatezza sia stata la causa della scomparsa.

A distanza di un anno dal primo tracollo si è riproposto lo stesso scenario: nessuna rappresentanza italiana del movimento ambientalista, all'interno del Parlamento europeo.

Di contro, in Europa, i movimenti ambientalisti, hanno registrato uno storico successo elettorale, da Nord a Sud. Infatti, moltiplicano i voti e i seggi, superando il 10% in almeno dieci Paesi, con straordinari risultati in Francia (sopra il 16%), in Germania, in Austria, in Inghilterra, ma anche in Grecia (dove riescono ad eleggere per la prima volta un parlamentare europeo). Negli USA sono raddoppiati gli eletti in centinaia di località, in occasione della vittoria di Obama.

In attesa di individuare le cause di questa singolare *debacle* italiana, cerchiamo di comprendere i possibili effetti di una mancata attenzione alle questioni dell'ambiente.

La tutela dell'ambiente è sostanzialmente la tutela dell'interesse pubblico, in contrapposizione con chi vorrebbe utilizzare un patrimonio non di proprio uso esclusivo (aria, acqua, suolo, sottosuolo, salute, ecc.) a favore di interessi privati. Questo è un tema di enorme delicatezza, perché la sfida è individuare soluzioni che tengano in equilibrio le tre sostenibilità alle quali ogni trasformazione territoriale ed urbanistica deve conformarsi: la *sostenibilità economica*, la *sostenibilità sociale*, la *sostenibilità ambientale*.

Solo nella rappresentazione dei relativi interessi si possono concepire quei processi virtuosi che non facciano pagare a nessuno il conto di uno sviluppo socioeconomico apparente o di una tutela ambientale fittizia.

Prima di proseguire nella disamina di alcune delle questioni che riguardano l'attuale condizione degli ambientalisti in Italia è necessario focalizzare alcuni parametri, partendo proprio da quello che è stato un importante snodo nella politica italiana, il passaggio dalla cosiddetta "Prima" alla "Seconda Repubblica".

Ogni volta che negli ultimi anni ho sentito parlare di Prima o Seconda Repubblica mi è sempre apparso un grande punto interrogativo che mi ha costretto ad archiviare questa configurazione come una cosa per me poco decifrabile. Mi mancavano degli elementi e quindi archiviavo in un "file provvisorio" l'argomento, sperando un giorno di vederci più chiaro. È stato in occasione della commemorazione della morte di Bettino Craxi che ho ripreso a pensare all'argomento e cercare di fare, per me, un passo in avanti nel dare corpo a sintetizzazioni spesso usate a sproposito.

Che cosa è la Prima Repubblica e che cosa è la Seconda? Prima di procedere nella riflessione devo ribadire al lettore, come ho evidenziato nel capitolo riguardante le ipotesi di sviluppo, che è mio vivo convincimento che non solo i processi chimici, fisici e biologici evolvano secondo modelli e principi termodinamici, ma anche i sistemi delle relazioni umane, della economia e quindi della politica. Quando si tratta di grandi numeri e di eventi di medio o lungo periodo, essi, risentono più delle leggi della termodinamica che non delle azioni di condizionamento da parte di pochi singoli o tra loro associati. Pertanto provo sempre ad interpretare nelle dinamiche politiche la condizione attuale come la derivazione naturale delle condizioni precedenti. I fatti si possono, come l'acqua, arginare ma che l'argine tenga o meno l'acqua non risalirà il fiume, ma scorrerà sempre verso la valle.

Ritornando ai fatti della Prima e della Seconda Repubblica: è successo, banalmente, ciò che poteva succedere. Ma andiamo a vedere questa affermazione cosa significa, facendo qualche riferimento alla storia e ad alcune vicende del Novecento. La Prima Guerra Mondiale ci ha consegnato una Italia politicamente divisa su tutto e fondamentalmente confusa: dalla partecipazione all'evento bellico alle strategie future del Paese. Da questa confusione in ambito socialista e piccolo borghese nacque il *fascismo*. Alcuni socialisti seguirono Mussolini. La tragedia della Seconda Guerra Mondiale ci ha consegnato una Italia con una componente cattolica al centro dello schieramento, che ha visto da un lato la *destra* ed il movimento liberale e dall'altro i socialisti ed i comunisti. La Seconda Repubblica vede oggi accorpati da un lato socialisti, cattolici ed ex sostenitori dell'idea fascista; dall'altro cattolici, socialisti (pochi) ed ex comunisti.

Dalla osservazione di tali dinamiche possiamo dire alcune cose:

- il movimento cattolico accompagna le dinamiche politiche ma non le indirizza, se non nella difesa di valori spesso esclusivamente dogmatici, finalizzati più

alla sopravvivenza della confessione che alla elaborazione teologica;
- la confusione ha determinato l'accorpamento delle forze che determinarono il fascismo, che continuano ad affidarsi all'uomo della provvidenza;
- la sinistra, tra virgolette, rifiuta il progetto deterministico fatto di azioni politiche progressive e concatenate, che abbiano come primo obiettivo la difesa degli interessi collettivi, affidandosi, per battere la destra, ora al "miracolo della volontà umana", come diceva Amedeo Bordiga, ora al rinnegare la sua stessa funzione cercando di liberarsi di quelli che ritiene inutili orpelli e non il luogo della sua stessa identità di "sinistra", ora imboccando scorciatoie pseudorivoluzionarie che vedono le tattiche prevalere sulle strategie.

In questa grande confusione dove debbono andare gli ecologisti? Certamente alla ricerca di un percorso che veda la ragione e la voglia di far ragionare gli altri, in prima linea nella difesa del bene comune. Tra uomini della provvidenza e miracoli della volontà umana non possiamo che essere i sostenitori degli interessi collettivi, tracciando processi, fondati su accertate conoscenze scientifiche, che siano sostenibili sotto il profilo ambientale, economico e sociale.

Ho riflettuto molto, in questi momenti di confusione ideale, sociale, politica ed economica, chiedendomi i movimenti ecologisti dove debbano essere. Certamente nella difesa degli interessi collettivi, ma devono essere avanti e davanti agli altri; non solo per gli argomenti proposti, ma soprattutto per il metodo attraverso il quale si ricercheranno le soluzioni.

3.5 Religione e religiosità

Non ho personalmente nulla contro i cattolici (anzi come molti italiani ritengo di essere di cultura cattolica) come per gli altri aderenti alle confessioni più diverse, a condizione che le religioni non ledano il diritto alla vita ed alla salute e non incidano sull'assetto sociale ed economico delle popolazioni. Sono un uomo religioso, perché ritengo che osservando il mistero di un universo, del quale, riflettiamo, non conosciamo le dimensioni ne cosa ci sia oltre, non si può che dedurre che vi siano cose che per essere comprese necessitano di una capacità percettiva maggiore di quella fornita dai nostri cinque sensi.

Ciò detto, non aderirò mai ad una religione che ipotizza che un camorrista, di quelli che scientemente, ed in modo ripetuto, decidono di vessare ed uccidere i loro simili, se pentito possa andare in Paradiso; mentre due persone che si amano, che hanno dei figli che educano bene, che pagano le tasse, che sono attenti e sensibili verso le problematiche sociali, che amano gli animali, sono due peccatori che vivono costantemente in peccato mortale. Non aderirò mai ad una religione che ipotizza che il sesso possa essere un peccato ed uccidere gli animali per divertimento... forse!*

3.6 La felicità

Non sarebbe stato meglio in questi anni, preso atto che il popolo italiano aveva scelto Berlusconi ed i *ber-*

* I malavitosi «non potranno più fare da padrini e, dopo la morte, andranno direttamente al cimitero senza funerali» ha detto Crescenzio Sepe, arcivescovo di Napoli, all'inaugurazione della nuova sede della DIA, plaude il quotidiano dei vescovi «Avvenire». Mi piace la recente posizione del Cardinale Sepe!

luscones, costruire una seria alternativa di sinistra dove la strategia fosse al primo posto rispetto alla tattica, che si è concretizzata con l'accettare tutti quelli che si dichiaravano anti-berlusconiani, sempre che non richiedessero con voce troppo forte di far fronte alle ingiustizie sociali ed alla tutela del territorio e dell'ambiente? Ma è scandaloso che una compagine politica abbia come obiettivo politico strategico una casa per tutti? È scandaloso che una compagine politica si ponga come obiettivo il lavoro per tutti? Oppure una uguale tutela della vita, della salute, del territorio e dell'ambiente?

Questi argomenti vengono liquidati spesso con la parola utopia. Non è affatto un'utopia. Costruire case per tutti non è uno Stato che regala le case a tutti. È uno Stato che sa sapientemente agevolare l'accesso per tutti ad una casa. Come? Promuovere mutui a favore dei dipendenti, con garanzie da parte delle Istituzioni Pubbliche o dei grandi gruppi industriali. Attraverso tale garanzia i mutui potrebbero avere una ragionevole durata (25-30 anni) ed un contenuto costo degli interessi, tale da tenere le rate di ammortamento mensili nell'ordine di circa il 20% della retribuzione di quel lavoratore. Avremmo famiglie più ricche e disponibili a spendere di più, aumentando i consumi interni che a loro volta aumenterebbero la produzione aziendale. Senza contare i vantaggi di una società composta da famiglie che vivono in uno stato di maggiore agiatezza: dalla possibilità per i giovani di studiare meglio e vedere nello studio, e quindi nel lavoro, il mezzo attraverso il quale soddisfare i propri fabbisogni; alla condizione del capofamiglia-lavoratore, che traendo soddisfazioni e felicità terrena avrebbe con il lavoro un rapporto meno conflittuale.

Spesso racconto ai miei interlocutori il perché ritengo che mio padre sia stato molto affezionato alle Ferrovie della Stato, dove ha lavorato per oltre quarant'anni, guerre comprese. Le Ferrovie dello Stato davano a lui la casa, i viaggi in treno gratuiti, l'energia elettrica per i bisogni domestici. Vi erano dei negozi, delle Ferrovie, dove si potevano acquistare prodotti vari, dai generi alimentari all'abbigliamento, a prezzi ridotti rispetto al mercato. Le Ferrovie dello Stato facevano sentire, in quel tempo, a mio padre l'appartenenza all'azienda. E mio padre, come la maggior parte dei suoi colleghi, ricambiava l'azienda con il suo impegno, che non si sostanziava solo con il rispetto dell'orario di lavoro o l'adempimento formale delle mansioni; era un impegno cosciente che condivideva la missione aziendale: i treni non si dovevano fermare!

Ho visto alcuni di loro rischiare la vita, negli anni Sessanta, nell'incendio della sottostazione elettrica di Scalea. Se scartiamo che questa possa essere un'immagine da *Libro Cuore*, che comunque contiene buoni sentimenti che non fanno male, mi piace interpretare come un modello di un socialismo possibile, quello che vede il lavoratore e l'azienda impegnati insieme a conseguire le loro reciproche "felicità".

La felicità è un altro concetto che immancabilmente vede divaricate le posizioni dei cattolici praticanti ed acritici ed il mondo dei laici. Per i primi è una questione trascendente, per i secondi non si sa. L'uomo, invece, ha diritto alla felicità! In questa semplice ed apparentemente ingenua affermazione deve essere contenuto l'obiettivo strategico di ogni movimento politico che voglia adoperarsi per l'uomo e per l'ambiente che lo circonda.

La felicità come contentezza, soddisfazione, gratificazione, piacere, godimento, appagamento, compiacimento è raggiungibile ed è il destino naturale dell'uomo. Le concezioni del mondo fondate sulla sofferenza hanno tenuto l'uomo lontano dalla felicità. Nel diritto naturale risiede una parte fondamentale della felicità. Nessun uomo deve temere per la propria vita ne per le sue libertà sociali ed economiche. La felicità e la dignità dell'uomo non possono essere disgiunte dalla conoscenza.

3.7 La crisi della democrazia

Le moderne democrazie devono avere come obiettivo strategico la felicità dei cittadini attraverso scelte autorevoli. L'autorevolezza delle scelte fatte dai governanti di un Paese democratico è il fondamento perché le democrazia si rinforzi ed i cittadini riscontrino l'efficacia di una scelta collettiva. Quando le scelte non sono autorevoli la democrazia assume alcune delle caratteristiche dei sistemi di governo non democratici, in quanto, una scelta effettuata esclusivamente perché il possesso della maggioranza dei voti lo consente non è una scelta democratica, da qualsiasi parte venga. Spesso diviene una scelta effettuata neanche nell'interesse della sola parte, composta dai cittadini-elettori che hanno votato la compagine politica vincente, ma ad uso esclusivo del ceto politico che detiene la maggioranza dei consensi ed alcune volte anche di quello in minoranza.

In democrazia ottenere la maggioranza dei voti è condizione necessaria per governare in modo democratico, ma certamente non sufficiente. Senza scelte autorevoli la democrazia finisce in burletta, trascinando lo Stato in una condizione di grave degrado etico e morale che immancabilmente si ripercuote negli aspetti economici e sociali, in una spirale che getta la collettività in uno stato di assoluto abbandono. La maggioranza dei voti raccolti non è il requisito fondamentale della democrazia perché altrimenti dovremmo sostenere che le dittature del Novecento erano sistemi di governo democratici. Per le follie di Stalin, Hitler, Mussolini, Franco la gente ha acclamato ed è andata a combattere in guerre sanguinose, altro che recarsi in una cabina elettorale. Scelte non autorevoli che hanno gettato quelle popolazioni nel lutto e nella disperazione.

Ma cosa è una scelta autorevole, se non una scelta fatta nel convincimento di adottare la più valida soluzione sotto il profilo scientifico e tecnico, nell'interesse della collettività ed in generale della umanità?

Il sistema democratico italiano è in grave crisi perché i soggetti che la Costituzione ha scelto come mediatori della democrazia, i partiti ed i sindacati, non sono organismi democratici. I sistemi di reclutamento sia nei sindacati che nei partiti, sono affidati a complicate regole che alla fine consentono ai detentori di pacchetti di tessere di addivenire ad accordi tattici per la individuazione della classe dirigente. Essendo gli accordi tattici e non strategici - e quindi non legati a visioni complessive ed a obiettivi collettivi, ma a posizionamenti di singoli beneficiari - divengono difficilmente modificabili, in quanto, ognuno, dovendo tutelare la propria opportunistica posizione e temendo di perderla, preferisce adottare le più caute soluzioni, che immancabilmente coincidono con le meno efficaci per coloro che di quella azione politica dovrebbero essere i beneficiari. A questa logica non si sottrae nessun partito e nessun sindacato, dai più piccoli ai più grandi, da destra a sinistra.

Infatti una legge elettorale efficace dovrebbe normare per prima l'attività dei partiti, consentendo ad ogni cittadino, indipendentemente dalla conoscenza o meno di un esponente-padrone delle tessere, di essere iscritto ad un qualsiasi partito, individuando metodi di iscrizione e permanenza con un sistema normativo che garantisca l'effettiva libertà di espressione di ogni singolo aspirante e componente.

La nostra democrazia è andata all'inverso dai partiti delle idee siamo passati ai partiti dei capipopolo, con i loro nomi nel simbolo. Piccoli ducetti di un sistema politico polidittatoriale, dove l'interesse del *leader* non si discute, pena la esclusione dall'elenco dei notabili ai quali è assicurata l'elezione.

Alla caduta del muro di Berlino, alle forze politiche di destra e di sinistra non sembrò vero di poter dismettere il vincolo strategico che li legava ai loro elettori e decretarono la fine delle ideologie, attribuendo a queste ultime tutto ciò che di male era successo negli anni precedenti.

Prima di proseguire, è il caso di affermare con forza che vi sono ideologie che portano alla guerra, alla violenza ed ai disastri sociali ed ideologie che si fondavano e si fondano sul rispetto di tutti gli uomini, del territorio e dell'ambiente. Ideologie che negano l'uso delle armi per dirimere qualsiasi conflitto e che ritengono che lo sviluppo debba interessare tutti gli uomini e tutte le aree della terra. Già vedo il sorriso sarcastico del solito scettico qualche volta in mala fede o peggio, in buona fede. A quel sarcasmo vorrei rispondere invitandolo a riflettere su quanto egli stesso può constatare nel nostro Paese e nel mondo intero ed in tutta coscienza affermare che questa condizione economica, sociale ed ambientale possa essere foriera di risultati positivi per l'umanità. A meno di non voler palesemente e banalmente enunciare: "*Il mondo è fatto così!*", che è meglio rassegnarsi, ma alcuni dovranno morire di fame, di guerra, di disastri ambientali!

Io non mi rassegno e penso che questa visione, come è sotto gli occhi di tutti, non solo è contraria ad ogni visione umanitaria dell'esistenza, ma non è neanche rassicurante per noi privilegiati del mondo, che saremo sempre meno sicuri, a meno che non intendiamo militarizzare il mondo.

3.7.1 La guerra*

La mia generazione è cresciuta con la certezza che nessuna guerra avrebbe mai interessato il nostro Paese. Quando negli anni 1990-91 scoppiò la prima guerra del Golfo, che prevedeva la partecipazione delle nostre Forze armate, rimasi sconvolto. All'annuncio dell'entrata in guerra mi accorsi che la mia struttura intellettuale non era attrezzata per gestire quell'evento. Si univa la pietà per le vittime delle nostre bombe con quella del destino di un nostro ufficiale che era stato catturato. La televisione trasmetteva alternativamente le diverse immagini e mi accorsi che la nostra coscienza nazionale, per fortuna, non era neanche essa attrezzata per gestire una guerra. Ho chiaro il ricordo della telefonata che mi affrettai a fare a mia madre, dalla quale avevo ascoltato da bambino terribili racconti di guerra. Condividemmo lo sbigottimento di due generazioni, una che credeva che dopo la tragedia della Seconda Guerra Mondiale non ci sarebbe stata nessun altra guerra e l'altra che andava fiera di essere stata vaccinata a tale follia dai racconti della prima.

* La scrittura del testo è stata ultimata prima che avvenissero le sollevazioni del Maghreb, di parte del mondo arabo e la guerra in Libia. L'analisi di tali fatti comporterebbe un'approfondimento al momento non semplice; ma quando sta succedendo rafforza i concetti espressi in questo paragrafo e diventa esempio tangibile di quanto è contenuto nel paragrafo "Ipotesi di sviluppo" del secondo capitolo.

Alla guerra ci siamo dovuti abituare. Il Kosovo, l'Afghanistan e poi l'Iraq un'altra volta. Migliaia di soldati italiani, in armi, dislocati per il mondo. Ma la nostra Costituzione, della quale mi piace riportare l'articolo 11, in quel passo dove esclude la guerra come mezzo per dirimere le vertenze internazionali, dice appunto un'altra cosa:

> «L'Italia ripudia la guerra come strumento di offesa alla libertà degli altri popoli e come mezzo di risoluzione delle controversie internazionali; consente, in condizioni di parità con gli altri Stati, alle limitazioni di sovranità necessarie ad un ordinamento che assicuri la pace e la giustizia fra le Nazioni; promuove e favorisce le organizzazioni internazionali rivolte a tale scopo».

Afferma con forza e senza tema di smentita il nostro rifiuto per la guerra anche se fatta da altri contro altri ancora. Quindi non si tratta di partecipare o meno come "forze di pace", ma si tratta di condannare la guerra, avviando, questo sì, censure per chi la guerra la porta ed azioni, economiche, sociali e culturali, a favore di chi la subisce. Delle due l'una o cancelliamo l'articolo della Costituzione e lo scriviamo in modo diverso oppure i conflitti internazionali non possono prevedere la nostra partecipazione. A questo punto non è una questione di diritto costituzionale, ma è una questione di percezione della norma. Usciamo dall'equivoco della doppia morale e chi non è d'accordo con quanto è scritto nella nostra carta costituzionale proponga una norma, dove in modo chiaro e percepibile si dica come affrontare i conflitti internazionali. È qui che le diverse ideologie dovranno confrontarsi scegliendo chiaramente da che parte stare. Ancora una volta la sinistra moderata, come si chiama, o il centro-sinistra, assume un atteggiamento tattico, rinunciando ad una chiara posizione contro la guerra, perché ha paura di non raccogliere un sufficiente consenso sull'argomento. Se è così, è meglio saperlo. L'equivoco non paga neanche elettoralmente. Chi è a favore della guerra preferirà le forze di centro-destra che, nella percezione generale, ha una maggiore vicinanza con tale visione. Né vale tagliare i rami costituiti da quei partiti che esplicitamente si oppongono alla guerra. Tale scelta porterà solo alla perdita di identità ed a un ulteriore vantaggio per le forze antagoniste. Ciò vale per tutti gli argomenti che sono caratterizzanti per ogni gruppo o formazione politica. È inutile invocare la caduta delle ideologie o l'applicazione di posizioni ambigue per ampliare la base del consenso. La maggior parte degli elettori vota per una percezione generale, dando il favore a chi possiede nel proprio DNA quella tale visione che non quell'altra.

Ma andiamo agli effetti nazionali di questa visione estensiva sulla guerra, perché tale visione non condiziona solo i rapporti internazionali, ma anche quelli nazionali.

Fino ad alcuni anni or sono la percezione generale delle norme che regolano l'unità del nostro Paese era che chiunque ad essa attentasse o minacciasse, soprattutto attraverso l'uso delle armi, stesse commettendo un reato. L'uso disinvolto delle norme, così come scritte e come percepite, da un po' di anni ci fa accettare le minacce di Umberto Bossi, che senza mezzi termini parla del possibile uso di fucili per affermare le proprie vere o pseudo ragioni politiche. È questo il frutto di un altro tatticismo. La Lega serve per formare una maggioranza! Che Bossi violi anche la legge con le sue, per ora farneticanti e improbabili, invocazioni alla guerra civile.

Anche la guerra sembrava lontana alla mia generazione e pure è entrata a far parte della nostra realtà quotidiana. Non mi vorrei abituare anche alla guerra civile. Mia madre non c'è più e non saprei chi chiamare!

L'uomo ha l'obbligo di evolversi e quindi, nella sua evoluzione, rinunciare alla guerra. Tranne La Russa, mentre scrivo, Ministro della Difesa, che addirittura per soddisfare una sua vecchia passione fascista pare voglia creare una scuola di "cultura militare" oltre che firmare un protocollo con la Regione Lombardia, dove sotto un programma dall'accattivante titolo "Allenati alla vita" emerge il significato che i proponenti danno alla vita: addestramento al tiro con la pistola, percorsi ginnico-militari, ecc.

Tutto ciò mentre si tagliano i fondi agli istituti di cultura (è il caso di specificare parliamo di Dante, Boccaccio, la pittura, la musica, la matematica, ecc.).

Caro Presidente Napolitano faccia rispettare la Costituzione, intraprendendo, per chi non la rispetta, tutte quelle azioni, pur previste dal nostro ordinamento. Faccia un favore a tutti quelli che credono che le norme finché ci sono vanno rispettate e chi non le condivide si assuma la responsabilità e si connoti politicamente con la propria azione e quindi con la propria ideologia. Nessuna esigenza politica potrà mai avere come contropartita il mancato rispetto di norme.

3.7.2 La Lega Nord ed il federalismo

Quando la Lega Nord si affacciò sul panorama politico italiano le forze politiche la snobbarono, non era utile per comporre delle maggioranze. Cercarono di farla passare come un fenomeno folkloristico. Non si accorsero che la Lega, in altro modo rispetto alla impostazione meridionalistica, poneva il problema del nostro arretrato Mezzogiorno.

Se invece di accapigliarci (prendiamoci un po' tutti la colpa) sulle diverse vicende storiche riguardanti la genesi dell'unità della Stato, come le ricchezze del Mezzogiorno donate al Regno d'Italia o, se preferite, circa la presunta maggiore intelligenza e cultura dei "terroni" rispetto ai "polentoni" o addirittura negare le inefficienze del Sud, avessimo cercato di capire, forse avremmo compreso che il problema che la Lega poneva era alimentato da una oggettiva differenza socio-economica fra Nord e Sud e la conseguente paura del Nord di essere trascinato nel baratro del Mezzogiorno.

Se la politica in carica avesse finalmente bonificato il Mezzogiorno dalle sue devianze, facendo in modo, ad esempio, che l'ospedale di Cetraro, in provincia di Cosenza, funzionasse come quello di Vigevano, in provincia di Pavia, la Lega come partito territoriale non si sarebbe mai sviluppata.

Anche qui sia la destra che la sinistra hanno pensato di essere furbi e di utilizzare la capacità della Lega di raccogliere consensi per utilizzarli in occasione della formazione delle maggioranze di governo; derogando ai loro rispettivi principi fondanti: per la destra, di inscindibilità del territorio nazionale e per la sinistra, di solidarietà, che è dovuta ai più deboli.

Fatto sta che la Lega, tattica dopo tattica, utilizzando la compiacenza delle diverse fazioni politiche, ci sta trascinando verso una condizione antistorica, che è quella della divisione di uno Stato già reso unitario, in un contesto di mondo globalizzato dove sarebbe più giusto parlare dell'accorpamento di alcuni Stati oggi sovrani. Per cui tutte le forze politiche, così come ci hanno abituato agli ossimori che prevedono insieme la pace e la guerra, vogliono farci credere che sia necessario il federalismo per far funzionare l'Italia ed il Mezzogiorno. Per far funzionare il Mezzogiorno bisogna far funzionare il Mezzogiorno. Non c'è bisogno del federalismo, che già esiste in Italia dal 1972 con l'istituzioni delle Regioni, così come previste dalla Costituzione. Basterebbe integrare l'esistente Testo unico sugli enti locali o addirittura, in alcuni casi, utilizzare, senza fare sconti politici, le norme esistenti che sanzionano le amministrazioni inadempienti, per vedere concretizzata l'applicazione del principio di responsabilità degli amministratori, che è uno dei cardini sul quale si fonda ormai la panacea del federalismo, così come la questione fiscale, che è l'altro piede che sostiene la presunta necessità di uno Stato federale.

Prendiamo l'IVA che per il consumatore finale è una tassa che si aggiunge al costo di un prodotto, pari in genere al 20% , che ognuno decida di acquistare. Considerato che l'Italia ha nel Nord la maggior parte delle produzione e che il Sud è in prevalenza un popolo di consumatori, l'IVA che viene versata, come ulteriore tassa, dal cittadino calabrese rimarrà in Calabria o andrà ad incrementare il gettito fiscale della Regione dove il bene viene prodotto? Ciò è uno degli interrogativi di fondamentale importanza per determinare la quantità di risorse economiche sulle quali una Regione potrà fare affidamento. La riduzione delle risorse, così come immancabilmente avverrà per le Regioni del Sud, favorirà la cattiva politica, che meglio di ogni altra si muove quando i cittadini sono condizionati da ogni stato di bisogno. Quando per essere ricoverato in un ospedale, dove, va messo in conto, per incapacità della struttura sanitaria, potrebbero anche ucciderti, avrai sempre più bisogno di essere raccomandato; quando a causa della riduzione delle risorse, l'imprenditore sarà sempre più spinto verso la collusione con la politica, non potranno che aumentare le clientele; mortificando i progetti strategici a favore, sempre più, dei piccoli giochi clientelari che ti promettono, ma non è certo che ti daranno, la sopravvivenza.

La scellerata attività delle forze politiche, che ha fatto crescere i consensi alla Lega, ha tra l'altro legittimato un altro falso storico: che il Nord vive la sua buona condizione socio-economica per merito della Lega. Niente di più falso! La Lega non ha determinato alcuno incremento di sviluppo del Nord dell'Italia, anzi a voler bene osservare, se è vero che bisogna prendersi i meriti ed anche le colpe, negli ultimi anni il Nord, governato dalla Lega, ha visto ridursi il proprio potenziale produttivo; sono peggiorate, rispetto a quelle degli anni precedenti, le condizioni economiche e sociali dei cittadini; si è ridotta, in quei territori, la sicurezza.

Escludendo quindi che la Lega sia l'artefice della diversa condizione economica del Nord rispetto al Sud, i consensi che vengono dati alla Lega sono, invece, dovuti alla paura che i cittadini del Nord hanno di finire come quelli del Sud. È quindi una giustificata azione di difesa della propria condizione socio-economica. Quando vedo Bossi con l'ampolla piena di acqua proveniente dalla sorgente del fiume Po mi chiedo perché non prova a bere l'acqua della foce, o solo del medio corso del fiume, dove le comunità padane e non quelle meridionali, scaricano ogni sorta di inquinanti. Per dirla con Fedro: *Cur, inquit, turbulentam fecisti mihi aquam bibenti?* Perché osi intorbidirmi l'acqua?

4
Conclusioni

Mi piace concludere questo lavoro parlando di federalismo. Questo argomento, oltre ad incidere fortemente sull'assetto dei territori, è la metafora dell'*Italia che frana*. Il nostro federalismo è la ricerca di una soluzione al mancato sviluppo attraverso un cumulo di ipocrisie. La principale è far finta di non capire, da parte di tutti gli attori politici, che l'obiettivo della Lega è quello di tenere in vita il *miraggio* della separazione.

In definitiva la Lega usa il federalismo come un "cavallo di Troia", attraverso il quale mascherare il vero argomento che porta i consensi al Partito del carroccio: la speranza che un giorno si arrivi alla separazione. Se così non fosse chi mai penserebbe di approvare norme che impoverendo il Mezzogiorno lo renderanno sempre più preda della cattiva politica? Di quella che sguazzerà in un sistema sanitario che, occupandosi sempre meno dei più bisognosi, avrà per farlo una pseudo giustificazione morale, come la introduzione di quelli che pomposamente indica come *costi standard*; che, per dirla in modo semplice sono strumenti di previsione di spesa attraverso i quali si vuole far passare che un agiato cittadino abbia la stessa esigenza di servizi sanitari di chi agiato non è, per il solo fatto che i due hanno la stessa età!

L'approccio alla ipotesi federalista contiene tutti i vizi italiani che rendono difficoltoso il percorso verso condizioni di sviluppo economico, uguaglianza sociale e tutela del territorio e dell'ambiente. Per primo il tatticismo. La sinistra italiana avrebbe dovuto stigmatizzare la sola idea di federalismo applicata al nostro Paese per tutte le disparità, non le diversità, che esistono fra il Nord ed il Sud.

Il federalismo, quello solidale, in Italia già esiste dal 1972: sono le Regioni. Se queste non funzionano bisogna creare le condizioni etiche e politiche per farle funzionare, senza inventarsi ulteriori quadri normativi, che non faranno altro che peggiorare le condizioni di quelle aree già drammaticamente disagiate. La sinistra italiana, nel corteggiamento a Bossi per fini elettorali, dopo un primo periodo nel quale ha fatto il "pesce in barile", è diventata la forza più federalista. Non vi sono stati discorsi in questi ultimi anni tenuti da un *leader* politico di sinistra dove (subito dopo la condivisione delle parole del Santo Padre) non venisse un forte accenno ai vantaggi del federalismo. Mentre scrivo si levano urla contro il federalismo fiscale. Pare che alcuni siano rinsaviti... o vogliono "sollecitare" Bossi perché molli il Cavaliere?

È lo stesso tatticismo che per anni ha contrassegnato le politiche del lavoro, quelle sull'energia in genere ed in particolare quella nucleare, sulla guerra, sul governo del territorio, sul disagio abitativo e sull'abusivismo edilizio?

Oppure siamo all'origine di una svolta?

È il punto interrogativo che contiene in sé una percentuale di speranza!

Annotazioni

Annotazioni

Annotazioni

Annotazioni

Annotazioni

Annotazioni

Annotazioni

Annotazioni

Annotazioni

Annotazioni

Annotazioni

Annotazioni

Finito di stampare
nel mese di ottobre 2011
da Alfa Tipografia (Na)
per conto di Graus Editore
info@grauseditore.it
www.grauseditore.it